B型人 × 星座密碼

種特質全解析

影響天性，星座決定風格……模式到人生機遇，揭曉你的內在特質！

引裕斌 編著

✦ 十二星座B型人的人生使用說明書！✦

熱情領袖型 × 自由冒險家 × 完美主義派……
從交友風格到生活習慣，用血型與星座的雙重視角透視命運！

目 錄

前言

第一章　B型 —— 血型密碼

010　第一節
　　　B型人性格 —— 冒冒失失

026　第二節
　　　B型人的愛情糖果 —— 跳跳糖

042　第三節
　　　B型人際交往 —— 亮底牌

053　第四節
　　　B型人職場鍊金 —— 技術大師

第二章　B型人12星座解析

068　第一節
　　　B型的火相星座（白羊座、獅子座、射手座）

目錄

101		第二節 B 型的風相星座（雙子座、天秤座、水瓶座）
135		第三節 B 型的水相星座（巨蟹座、天蠍座、雙魚座）
168		第四節 B 型的土相星座（金牛座、處女座、摩羯座）

前言

　　人的血型是終身不變的，在身體裡流淌的血液，除了帶給我們生命與活力之外，也一定程度上決定了我們的性格和待人接物的觀念。

　　或許您認為，血型與性格沒有什麼直接必然的連關係。但是當我們對血型深入研究並總結規律後，卻發現血型和基因一樣，決定著人的潛意識，影響著人的性格、人際交往、戀愛婚姻和職業取向的態度，而且血型對一個人性格的影響還是相當大的。

　　如果能夠確切地掌握自己血型的特性，合理地改善自己的性格、脾氣和待人接物的方式，就可以使自己的人際關係更加和諧，讓自己的職業成就更加顯著。

　　星座起源於四大文明古國之一的古巴倫，占星師們從千百年的實踐與經驗之中找尋天體運動與人類旦夕禍福的關聯，總結出一套透過觀測實際的天體執行情況來預測人的命運的方法。占星學認為某時某地的天空與某個人是有連繫的，存在對應關係。星座和人因此是緊密相關的，這個人的命運是可以推算出來的。

前言

　　本書將現代科學對血型的研究與古老神祕的占星學結合在一起，全方位剖析血型與星座之間的關聯。旨在幫助讀者朋友全面而深入地了解自己和身邊人，把握人生機遇，了解命運起伏規律。以平和端正的心態、積極進取的行為邁開成功的腳步。

第一章
B型 —— 血型密碼

第一章　B型—血型密碼

按照血型的進化規律，B型是地球上第三個出現的血型，大約於15,000年前出現在一直被隔離在歐亞大陸幾條大山脈的北方。據推測B型人與狩獵者的O型人很相似，有可能是游牧民族的後裔，透過調查也顯示蒙古族、哈薩克族等游牧民族大多數是B型人。

由於生活環境的不同，游牧民族大都以肉類為主要食物，因此具有一個功能強大的消化肉類食物的消化系統。B型人的消化系統能夠很好地適應各類食物，差不多對各種有益的營養物質都能消化和吸收。由於食物攝取範圍廣泛，他們所需的營養物質，包括動物蛋白質、植物蛋白質以及各種所需的維生素和礦物質都能充分地獲得。從這個層面上說，B型人的飲食是非常均衡、健康的。

如果一個B型人能夠認真地堅持和遵循B型的飲食計畫，他天生強健的免疫系統和抵抗力，會得到進一步的增強，從而防止各種嚴重疾病的發生。

在古代遇到災荒年，均分的糧食只能使族人全部餓死。為了讓一部分人活下來，民族留存。只能狠心減少人口、增加每個人分配到的食物熬過災荒年，所以剩下的多是心狠的B型人。這個特殊的時期，心狠實際是優秀基因特性。

B型人是在歷經了狩獵者的追逐，與耕耘者的演化後的完美主義者，他們的身上有著狩獵者的自由、豪爽、奔放的

特徵，也有著耕耘者的樸素、意志力強的特點。他們個性爽朗、坦率、富有豐富的同情心，但同時，他們也容易朝三暮四、厭倦、遇事不夠堅持，大膽而不夠慎重、具有誇張性、多嘴、意志薄弱，缺乏毅力等缺點。

第一節
B型人性格 —— 冒冒失失

一、我和性格抗爭，千萬別犧牲

B型人因善變的新鮮感及超強的社交能力，令人耳目一新。偏好身邊華麗且熱鬧的事物，做事情全憑直覺和印象，容易不顧一切的蠻幹下去。若因我行我素而造成他人的誤解時，B型人會很不耐煩的將臉別過去，懶得辯解。

1. 直覺敏感

B型人具備不依常理、單憑感覺即可看透整體的能力。就好像大自然中的動物，當有外來者侵入B型人的領地時，他們瞬間便可察覺出來。B型人靠直覺可立刻掌握住事態的發展。

2. 靈敏、活潑

B型人總是希望自己站在最引人注目的焦點處。他們性格開朗、行動積極灑脫、有良好的口才、且不輕易得罪人。和藹可親，有些愛管閒事，不過人緣很好。工作中積極活躍，常常引人注目。

3. 內心深處的疏遠感

B型人常感受到不被諒解的苦惱，偶爾會有個別的人感到自卑，但並非存在於原有的氣質內，只是一種過渡性的感覺而已。

4. 善變

B型人是個不知將行動目的定位在何處的人。隨著時間推移，他們會任意改變計畫及主張，工作中會突然地情緒崩潰，又會突然地想要重新開始、奮發圖強，如多變的天氣，令人難以捉摸。

5. 自我肯定

B型人會在自己的周圍環境中特意塑造一個極主觀的世界。雖深諳處世之道，外表看來卻仍保有孩子般的純真。

6. 淡泊名利

B型人對金錢、地位甚至名譽都是很淡然面對的人。由於天生的才能與機智，可使他們勤奮工作，獲得成功；但是，對最後到手的成果卻少見其珍惜與執著。B型人會很乾脆地向公司辭職，對自己取得的成就和擁有的土地及資產會突然興起「全部捐獻吧！」之心。

7. 強烈的生命力

B型人厭惡被壓抑，一心只想逃離這社會所賦予的束

第一章　B型—血型密碼

縛，具有強烈的生命力。總是與環境抗爭，很難改變自己。

在B型人的統計中，大多數B型人都表現出活潑、開朗、充滿活力的性格。在學習方面，B型人領悟力很強，最拿手的是背誦數字與符號。但他們也是自由一族，他們不喜歡禁錮，喜歡自己定計畫，並照其實行。遇見自己喜歡的東西時，不惜付出高昂代價；很多東西還沒得到時朝思暮想，而一旦到手後熱度又會冷卻下來。因此，B型人既有脫韁野馬般強烈的好奇心，也有心神不定、缺乏耐心和毅力，時而懶散時而心細、健忘等特點。

在事業方面，B型人對自己的言行，向來都很自信，而且也表現出很負責任的態度。凡事想到就做，即使明天再做也來得及，還是要馬上動手實行。當他們碰到問題時，常會做廣泛、不受拘束的彈性思考，及時得出自己的結論，且能巧妙地把事情處理妥當。因此，B型人很少發生考慮不周而導致失敗的事。

在情感方面，B型人是有節奏、有格調的人。這種類型的人，常常會積極地想迫使周圍的人接受他們的想法。善於交際，喜歡變化的生活，因此經常會尋求一些新奇的事物，不會將自己局限在某個範圍之中。他們淡泊、快樂、愛好橫向關係的拓展，全憑直覺及印象，容易不顧一切的蠻幹下去。另外，敏感、親切、樂觀、不求結果、只在乎過程，極為重視現在，也是B型人的典型情感特徵。

第一節　B型人性格—冒冒失失

(1) 最會扮豬吃老虎。
(2) 最沒有方向感。
(3) 最懶，最會吃。
(4) 最會吹牛，連自己都相信。
(5) 最多情也最薄情。
(6) 最不會拒絕別人。
(7) 最喜歡裸睡。
(8) 最愛喝咖啡。
(9) 最喜歡東逛逛西買買。

在守時觀念上，B型人可說是非常差勁，雖然他們口口聲聲說要遵守時間，但最後遲到的總是他們，因此，B型人往往博得了「遲到大王」的「美」稱！

A型人和B型人特別談得攏；互不相同的思維和表達方式在交談時成了很好的刺激因素。與B型人相處時，A型人會變得能言善辯起來，因為對A型人來說，這也是最好的解悶方式。B型人善於辭令，話題廣，A型人喜歡聆聽，不過雙方時有小磨擦，遂使對方產生不信任心理，如不及時改善，彼此關係會因此冷淡。

A型人和B型人雖然在想法、對周圍事物的反應、以及行為方式等方面有很大差異，但他們很容易結成好朋友。這一點也說明不同於自己的人和事物對人們具有吸引力。

可是，A型人和B型人若在一起工作或生活的話，他們

第一章　B型─血型密碼

之間會在行動方針、對外措施和事物的處置方法等方面發生摩擦和衝突。首先動怒的往往是辦事刻板的 A 型人。加上他們看不慣 B 型人不拘小節的性格，一想起來就忍不住要生氣。

大膽的 B 型人可說是很好的朋友，對於慎重的 A 型人來說，大膽又行動派的 B 型朋友常常會讓你從內心感到他真了不起。但是，B 型人通常感情的起伏比較大，所以，氣量較小的 A 型人常常會仰人鼻息。

B 型人是比較追求完美主義的血型，而偏偏又比較粗放，是屬於粗線條型的，但是有些 B 型血人會帶著多想多疑的因子，因此 B 型人創起業來，經常會缺乏一股 O 型人所具備的「衝動」，屬於「謹慎型」的創業家。

二、生活習性啟示錄

B 型人對自己最感興趣與關心的事物能專心一致，進而埋頭努力的工作。總是希望過自由自在的生活，沒有固定的欲望，不拘泥於環境狀態，也不受社會形式與習慣的束縛。

討厭流行性的東西，對於流行雖然會關心，但是 B 型人認為與其盲目追隨潮流，不如創造自己的風格，這就是 B 型對流行所抱持的態度。B 型的人想到哪裡就做到哪裡，雖然是天生的樂天派，但有時真令人受不了。

B 型人很喜歡和動物們玩耍，不過卻懶得親自去飼養，

照顧。也喜歡做家務，通常都是虎頭蛇尾，草草收場。

　　B型人只要遇到好笑的事情，不管場所是否適合，他們都會直截了當的笑出來。他們經常會說笑話，自己笑得很開心，即使別人都認為不好笑，但只要他們自己認為很好笑，就會大聲笑出來，所以，他們算是「率性而為」的人。此外，B型人說話時，大多喜歡從結論說起，而當別人說話有錯時，他們往往會立刻插嘴糾正，因此有時會惹得別人不高興。

三、理財觀 ── 愛花錢

　　知道必須存錢，卻無法不花錢的B型人，是名副其實的「知易行難」型，他們的錢包裡經常會出現「月頭多多、月底空空」的情形。這是因為B型人對喜愛的東西無法抵抗住誘惑，總會想盡辦法將它買回家。常常發生信用卡刷爆的情形，再加上喜歡享受，B型人對理財總少了那麼一點決心。B型人認為過分地強求合理化消費，會被別人認為吝嗇，常常因為衝動的感覺而存不了錢。

　　如果你有一位B型的朋友，你可能會非常喜歡和他外出用餐。因為B型人不拘小節，不會將花錢分得很清楚，常常主動付款請客，就是這種「愛買」加上「愛請客」的個性，害得B型人常常感到捉襟見肘。

　　對B型的男性而言，現在的一千元，比五年後的一萬元

更有魅力,所以,要他們為將來的打算而儲蓄,那簡直比登天還難!

B型女性往往買了一堆不合用的東西後,下次購物時仍不知謹慎、悔改。相同的浪費情形又會再次發生,所以,她們通常不會存下什麼錢。

B型人,無論男性或女性,都對金錢的使用有衝動性。他們經常視當時的喜好、心情,毫無節制的消費,事後才發現買了一堆不合用的東西,或身上僅有的錢都已掏盡,形成入不敷出的尷尬情況。

正因B型人擁有這種性格,所以常被人評斷為不善於使用金錢和時間的人。

四、男為知己者紳士,女為悅己者瀟灑

(一) B型男子──
為人坦率不擺架子,缺乏毅力和耐性

對B型男子來說,即使遇到一些困難他們也能滿懷信心地度過難關,表現出B型男子性情豪爽的特點。他們往往不善於對事物進行細緻煩瑣的思考。由於不拘泥於固定形式和常規,因而就成為最為靈活的人。

不過,正由於他們充滿著為他人服務的精神,B型男子

好誇大事實也就造成很多麻煩。也許對他們的意見只聽取一半，就正好可以領會他們的意思了。由於做事太愛改變主意，而且缺乏耐心和毅力，因而 B 型男子身為家庭中的一員也常常令人擔心。

(二) 破譯 B 型男子八項密碼

基本個性

B 型男性個人主義很強，事情往往想到就做，精神也很旺盛，對於有興趣的事非常熱衷，但若不喜歡一項工作時，寧可在家裡遊手好閒。

面相

和 B 型女性相同下巴屬方形，但個性顯得較積極些。眼睛細，眼尾稍微往上鉤，額上的髮際大都不太整齊，乍看之下給人智慧深遠的感覺。

行為舉止

B 型男性爽快、敏捷，討厭圓滑之類型，不喜歡和別人吃同樣的東西，喜歡挑選自己所喜歡的食物。為了表現自己，和初次見面的人也能侃侃而談。

體型

B 型男性身材屬於纖細型，但骨骼並不細，由於年輕時

從事運動方面的活動,所以不論怎麼吃都不會發胖,但一旦地位高升時則有發福的傾向。

行動

B型男性由於有思想有才智,出席會議時都能積極熱烈地發表意見,但不擅於制定計畫,往往做了之後才嘗到失敗的痛苦。

流行傾向

喜歡標新立異,假如公司不需繫領帶時,B型男性便得以發揮他的流行觀念。對於輕便的運動服或有個性的流行款式都有偏好。

喜歡的場所

B型男性喜歡被上司帶去交際應酬,在工作場所裡思想富有柔軟性(彈性),只要離開座位便能轉換心情或輕鬆地休息。若能熱衷於所喜歡的事物便認為那是最佳場所,可稱得上是輕鬆快活的類型。

因環境而產生的變化

B型男性是能以自己的力量來改變環境的類型,因此很討厭被他人壓抑強迫,一旦發生過衝突的環境便不再留戀,重新尋找新的環境,這也是B型男性成功的因素之一。

（三）B型女性 —— 性情爽快親切，情緒多變

B型女性性情爽快，對於不適合自己的環境會憋得發慌，因此常想換個新環境。

B型女性喜愛浪漫曲調，而且多情善感，在社交中也常表現出照顧他人的「大姐式」的魅力。對於金錢物質表現得較大方，全憑情緒而定，最珍貴的東西有時也會大方的送人。在人際關係上有很多玩伴，彼此能坦誠相待，喜歡熱鬧，對於自己中意的東西不惜付出代價，一旦到手熱度又會冷卻下來。

B型女性喜歡專心於一個人所能完成的事，運動方面以參加獨立性強的運動為主，如打保齡球。B型女性討厭單調的生活，喜歡在家中招待朋友。

比較明顯的弱點是：身為女性不夠謹慎，過於好熱鬧、浪費光陰，做事缺乏步驟。

只要有B型女性在身邊，就會使周圍的空氣變得活躍清新。她們常常會表現出一想起什麼就坐立不安的性格。她們待人往往很親切。

然而，由於她們總是按當前的心情採取行動，因此重複做同樣的一件事也會成為夫妻吵架的原因。當她們遇到傷心的事情時，往往會哇哇大哭一場，隨後又會變得若無其事。

如果使B型女性的行動局限於一定的框架,有時也會損傷她們原有的那種無憂無慮的性格,從而陷入歇斯底里的狀態。

(四) 破譯B型女性八項密碼

基本個性

B型女性喜歡按照自己的意志做事,而不在意周圍的人用什麼眼光來衡量自己。凡事都以客觀的態度來接受,故沒有想不開的煩惱事,更由於具有強烈的好奇心,因此事事都能發揮出潛在的能力。

面相

B型女性的下巴大都是四方形的,個性上給人堅定的印象。長眼睛為其主要特徵,而且是吸引男性的重點所在,整個臉型看起來很是端莊。

行為舉止

B型女性是自我中心主義者,當她參加舞會時會積極地自找話題,希望自己在會場上表現得很醒目。在公司隨時記下各種重要事情以免遺忘,由於天生是個樂天派,因此給人的第一印象非常深刻,非常受大家歡迎。

體型

B型女性乍看之下非常苗條，但骨骼並不細，年輕時外表給人纖細的感覺，但一走入家庭後，由於緊張感逐漸消除而有發福之傾向。

行動

B型女性凡事想到就做，即使明天再做還來得及，但卻得馬上動手實行，故很少發生失敗之事，縱使需要再做一次，也寧可在失敗後重來。

流行傾向

B型女性喜歡穿流行式樣的長褲，由於款式醒目反而顯示出魅力來，顏色方面以海藍色、銀色較為適合，但興趣易轉移。

喜歡的場所

B型女性喜歡逛街，邊走邊吃，但討厭太過喧擾的地方，即使和別人在一起也會表現出在家中所熱愛的事物。

因環境而產生的變化

B型女性對於不適合自己的環境會憋得發慌，因此時常想換個新環境。但由於自我中心的意識很強，不論到哪裡都容易表現出不滿，卻因此而激發其向上心，一旦遭遇失敗時也能立即轉換心情獨自擔當起責任。

五、成功路 —— 貴堅持

B型人瞬間的集中力是超群的。但是很遺憾，他們缺乏永續性。這是由於B型人的興趣和注意力不斷轉移所致。往往想有意識地集中，例如工作、學業等，反倒心不在焉。讀書時要盡可能地專心、深入，注意每天都比前一天延長十分鐘、二十分鐘，堅持以往，集中力就會持久一些。

把思想上萌生的想法，很快地付諸行動，這是B型人的特徵、長處。不過，與此相關的是缺乏毅力、耐力。B型人很少有等事情發展到對自己有利再行動和為打破不利局面從正面排除障礙的態度。一遇到困難，他們就想避開，而轉向別的事情。這在現實生活中不是經常見到嗎？

B型人有得天獨厚的決斷力，不過多是較草率的決斷。B型人在決斷之前，最好要有「稍等一下」的慎重態度。為達到目的，需要有對各種事情下決斷的勇氣，但決斷如果不是建立在冷靜思考和正確判斷的基礎上，那麼百分之百要失敗。要三思而行。充分地考慮，果斷地行動，就能夠成功。也有不少人再三思慮後，卻不能果斷地行動，不過B型人往往是貿然決斷，不太思考就行動，容易冒失。

真正意義的決斷力，是從對當前目標的強烈熱情中萌生並不斷地培育出的。熱情是因責任感而煥發出來的。對於B型人，反覆考慮再決斷，恐怕也不算晚。稍等一下的慎重態

第一節　B型人性格─冒冒失失

度是極為重要的。

B型人的行動往往被衝動的感情所支配。而事後人們讓他們講講行動的理由動機時，卻常常能說得頭頭是道，像是胸有成竹。其實，連他們自己也不一定清楚為什麼那樣做。有時他們的行為會與他們當初的主張不一致，這可能是因為他們過於衝動的緣故。不過，一般B型人對此不採取中止的行動，而是悄悄改變想法使行動合理化，以此消除內心的矛盾。因此，他們當中不少人易於失去周圍人們的信賴。

B型人常常得益於活躍的行動力，但必須懂得，錯失良機的行動，沒有正確判斷為基礎的行動，也會使他們栽跟頭。

B型人話題豐富，說話風趣，不過能否讓人感覺真實，就難說了。有誇張，有比喻，起承轉合齊備，可是反覆說明的不少是一面之辭，就有點缺乏說服力。

在前進的道路上遇到大障礙和反對勢力很強大的時候，B型人一般能熱情洋溢，而一旦平安無事，心情舒暢，B型人就不再進步、發展了。逃避現實的達觀意識和無常感是B型人的精神世界。但一味沉浸於這種心境中，內心就不充實了。應當確定大目標，並考慮為達到目標應如何做才好，以此來約束自己。最好是計劃好一天、一週、一個月的日程，盡可能地按計畫去做。

第一章　B型—血型密碼

　　總是受到周圍人這樣那樣的指責，聽到對工作的指指點點，儘管心裡不高興，還違心地去做，這樣B型人的優點就被抹煞了。所以，只要不給別人添麻煩，盡可能自由地生活，這對B型人很重要。

　　當失去為他人服務的機會而感到散漫時，B型人應盡力考慮對方的情況，體諒對方的心情，使消沉的情緒控制在一定程度。要重視群體與個人、個人與個人之間心靈的連繫，要有責任心。責任心對誰都很重要，但對B型人不是更為重要嗎？

達人指點

性格雲霄飛車

　　B型人氣質特徵之一，就是自由奔放。如果每天都是工作、唸書，總是重複同樣的事情，B型人就會覺得乏味，有時會感到厭倦，希望逃避束縛。有時會由於衝動而想大聲喊叫。當事情進展不順利，又無法跳脫工作或學業時，這種狀態如持續下去，B型人就會越發感到自己的欲求得不到滿足，致使心情苦悶，思想疲乏，精神飢餓。

　　跳脫這種狀態的要點是：散步是最好的辦法。散步時不確定去向，憑興趣走到哪裡算哪裡，一有空就隨心所欲地活動活動。

接觸大自然也很好，種植一些小植物，飼養動物，郊遊，釣魚等等，在室外運動也不錯。

B 型人如果沒有付出的對象或者失去目標，或手頭的工作一結束，失去緊張感，心情就會鬆弛下來，精力就要衰竭，B 型人的長處便會消失。所以說 B 型人應心懷奮鬥目標，經常與社會保持連繫。

B 型人要克服不執著、無所謂的傾向，要保持快活的生活態度。

第二節
B型人的愛情糖果 —— 跳跳糖

一、愛情跳跳糖，三級跳

B型人小時候表現斯文，但也有愛熱鬧的。長大之後，變得坦率而且開朗，稍有交往即打開心扉與人親近。

對B型人的施愛要訣，如果是笨拙的贈送，反倒不如與他成為談心的密友才是上策。不可對任性好動的B血型人囉囉嗦嗦地加以要求，時而獻媚能夠收到意料之外的效果。

B型人的愛與友愛十分相似，兩者較難區分。B型人通常分不清楚自己心底誰的位置占據更多一些，一旦被認定，即使不願提起也會在心底留出一個位置。這是因為B型人很少有占有欲或依附的欲望，而這種欲望在男女之愛中通常是占中心位置的。

B型人喜歡對自己的談話感興趣而且健談的朋友，談得投機，又有共同的興趣愛好，那就更投其所好了。對他們來說異性的言談舉止能夠帶來一種愉悅的刺激。

B型人善於理解別人的立場和心情。這種感情上的共

第二節　B型人的愛情糖果—跳跳糖

鳴、和諧，是在其他血型感受不到的「人情味」。具有如此特點的B型人愛的形態最為多樣，說它像燃燒的火，倒不如將它比作暖氣之類的東西。B型人有羞於談情說愛的一面，所以雖能給對方溫暖，然而不易噴發出愛的炙熱火焰。

不過，隨著與對方接觸次數的增多，B型人的愛會漸漸地出現過熱的現象。B型人愛的發熱表現為希望接觸的時間更長，距離更近，次數更頻繁。核心是接觸慾望，為了實現這種慾望，連平日裡懶散的B型人也會突然向對方獻起殷勤來。

二、愛情接力跳，合拍很重要

愈活躍的B型人愈是無法忍受獨處的寂寞，並且覺得身旁沒有人，自己就活不下去，這正是B型人的特徵。總是希望能天天與情人見面，甚至約會後還要通通電話以解相思之苦。

（一）B型人的戀愛奇緣

B型人對失戀多具有依依不捨，並竭力挽回的傾向。且B型人為此所做的努力常可在一定範圍內造成較大影響。但是，當B型人的興趣有所轉移或事過境遷後，失戀對B型人造成的傷痛也會隨之消失。

第一章　B型—血型密碼

B型男性容易喜歡上的女子

(1) 能夠和自己在心靈、思想上交流並產生共鳴的女子。B型人的思維總是帶有一絲浪漫和理想，他們多少帶有點追求精神層面的性格。如果一個女生能夠在心靈上接近他，他就會產生興趣。

(2) 有共同的興趣和愛好，能夠在靈感上跟自己合拍的女子。因為B型人本身的興趣愛好就不少，接觸的事物也多。如果妳能和他找到契合處，在適當的情況下說出他的心聲，並且總是鼓勵他欣賞他，那他就更喜歡妳了。

(3) 性格溫柔，體貼周到的女子，如果長得漂亮那就更好了。B型人喜歡的女子最好是那種很有女人味的，性格上溫柔一些的，如果妳對他溫柔體貼，多照顧他一些，對方說不定就會認為妳對他有感覺，進而也會對妳產生感覺。

B型女性容易喜歡上的男子

(1) 有才華的男子。B型女性會對有才華的男子感興趣，她們認為這是一個人實力的一部分。對於B型女性來說，一個男人的一技之長似乎比他的家庭背景要來得更踏實些。所以B型女性是不拒絕和有才能但家庭條件不好的男生交往的，如果你的某項才能很突出並且真的令人折服的話，她對你的興趣會更濃厚。

(2) 心胸寬大，心地善良，對女朋友很照顧的男子。B型女性很多時候會比較感性和依賴，如果一個男子的人品好

又對她比較照顧的話,說不定就會觸及她心中比較敏感之處,她也許就會忍不住喜歡上你。

(3) 有男子漢氣度的男子。如果一個男生「很 man」的話,也就是說他很有男人味並且很大方的話,他就會很容易受到 B 型女性的欣賞;如果他追求 B 型女生,對方說不定會心花怒放。

(二) B 型人的戀愛模式

B 型男性 —— 喜劇演員型

個性非常開朗又愛熱鬧的 B 型男性,最擅長的是將兩人的關係從朋友發展到戀人。他的告白通常不會是「請和我交往吧!」如此平淡的句子,而是會像演戲一樣誇張地說:妳還在等什麼?我就站在妳面前啊!或是:我就是為妳量身訂做的最佳情人!或是:什麼?我們不是早就是一對戀人了嗎?

由於 B 型男性的談吐風趣、經常會逗得女朋友非常開心,相對的,他也喜歡樂觀開朗的女性。不過,這樣幽默、老是嘻皮笑臉的 B 型男性,最有花花公子的潛力,這可能是擁有一個 B 型男朋友所要擔憂的事情吧!

B 型女性 —— 有主見,情感取勝

B 型女性最喜歡透過自身的感受來發現和選定屬於自己的男朋友。對那些能力出眾的男子往往會格外留意,B 型女

第一章　B型─血型密碼

性注重情感的交流,喜歡欣賞異性朋友的容貌風姿和談話的表情語調,但絕不是完全迷戀。

B型女性對她們認可的有一定能力的男子會長期地關注,有時候會悄悄地幫助對方。和B型女性交往中,要注意避免難堪的事情出現,B型的女性並不喜歡在公開場合向人撒嬌,那是因為她的本性是很害羞的,因此在公眾場合中如果和男友表現得卿卿我我,將使她感到頗難為情。

如果B型女性對男友徹底失望,那麼對他的一切都會感到厭惡。

三、愛要跳跳,分寸巧妙

對B型男性要減少約束

瀟灑風趣崇尚自由的B型男性是一個不折不扣的樂天派。瀟灑風趣的性格,散發出抵擋不住的魅力,為他贏得身邊人的愛戴,同時令異性被他深深吸引,成為他的傾慕者。

但是,B型男性太過堅持自我和過分崇尚自由,不能忍受約束,因此只有對他們千依百順、細心關懷的女性才可以與他們長相廝守。

B型女性自尊心最強

B型女性生性害羞,所以即使接吻也要看時候。對丈夫只是悄悄地親一下臉頰,「喜歡」、「愛」之類的話不輕易說

第二節　B型人的愛情糖果—跳跳糖

出口。因此，對 B 型女性要注意語言和行為上的尊重，不要輕浮。

討好 B 型戀愛男女

熱情又不拘小節的 B 型人，身邊時刻都有一大堆同性異性圍繞著，對每個人都同樣親切的態度，很容易吸引異性垂青。可是 B 型人有種好奇和刺激的心理，最想一試那刺激、夢幻而不切實際的愛情，如戀上明星或與不羈浪子拍拖等等。

妙計：他／她不喜歡日夜相對，卻要尋找新奇刺激的感覺，所以不用每天聯繫，消失幾天，然後再突然出現安排一連串節目才會有驚喜。

與 B 型人交往的小祕密

結識：帶著笑容積極地找機會結識他人，B 型人欣賞有膽色的人。

交往：說些甜言蜜語就可打動 B 型人的心。由於他好奇心旺盛，送些奇特的禮物便能收買他。切忌貴重物品反而會令他反感。

親熱：趁著浪漫氣氛出奇不意與他親熱是最佳的方法。

愛情：非常任性，喜歡按自己的喜好談戀愛，戀愛忽冷忽熱。

性愛：把性愛看得相當輕鬆，喜歡不同地點及姿勢。

情話：「你怎麼樣呀」、「我沒有心情呀」……B型人會說這些看似非常不耐煩的情話。

四、如果愛，共鳴愛

B型人具有的愛情特徵 ── 共鳴愛

B型人總是把愛與友愛兩者混在一起。這是因為B型人對伴侶的占有欲望不強烈，其次對保護對方和依附對方的行為也不明確，而這種欲望在其他血型男女之愛中通常都占著重要的地位。

B型人喜歡廣交朋友，並經常在一起玩耍。如果伴侶對自己的愛好或者娛樂運動也感興趣的話，那麼兩個人還能經常在一起共享愛好。反之，B型人就會帶著自己的伴侶，加入到朋友圈裡，和朋友玩得不亦樂乎。自己的伴侶則丟在一邊，顧不上照顧。和B型人交朋友，一定要培養共同愛好，否則，很難真正融入B型人的生活。

B型人有個很好的優點，就是善於理解別人的立場和心情，因此他的知心朋友眾多，異性朋友也不在少數。

B型人的愛，時而激烈，時而淡定，經常羞於表達，或者懶於表達，所以雖能給對方無微不至的關懷，但是愛情前期的進展速度總是很慢。

隨著與對方互動次數的增加，B型人愛的發展似乎與雙

方接觸的時間、距離和熱度等都是成正比的。這個時候的 B 型人已經被愛情栓住了，喜歡此類型的人可要把握住時機。

愛情妙計

如果選擇了 B 型人做為自己的伴侶，就要投其所好，讓他知道你也有廣泛的興趣，在輕鬆愉快的談話和娛樂中成為他的心上人。B 型人難以忍受被限制，因此，對他與朋友的聚會不要刻意地阻止。同時努力打扮充實自己，讓 B 型人總是發現你的魅力，因為 B 型人有「棄舊迎新」的壞毛病。

坦然的 B 型

B 型人的不軌多由於將性愛和愛情分開來看待。當 B 型人對肉體的情慾有較大的興趣時，則會較為坦然地做出不軌之舉。由於 B 型人的不軌具有較為「坦然」的傾向，故 B 型人的不軌行為很容易被察覺。

捍衛愛情對策

一旦發現 B 型人有不軌之舉，如果不打算分手的話，不一定要對此採用嚴厲責備手段。B 型人還具有感情較為細膩、較富於人情味的傾向。為不使家庭遭到破壞，可以對不軌佯裝不知，仍一如既往地對他真誠相待。這樣會使 B 型人自覺羞愧，產生一種因欺騙伴侶而自感犯罪的感覺，從而自覺地改邪歸正。鑑於此，對待 B 型人還是平時多關心他的內心世界，避免出現不軌行為。

五、愛情跳跳，對對碰

B型是「走自己的路」的個性派。非常固執，對喜歡的事物可以全心投入，對不喜歡的則絕不染指。在他人的眼中，B型要麼是我行我素者，要麼是自私者。

B1型（父親A型＋母親B型）性格
—— 在群體中總是扮演調停者的角色

一旦陷入戀愛，就會變得神情恍惚。相對於其他B型，B1類型需要更加地慎重。B1型的女性在成長的過程中一直反抗父親的嚴厲教育，所以具有憧憬與父親截然相反的異性的傾向。B1型女性因此容易受情緒控制，會覺得與馬馬虎虎的異性在一起時更舒服更放鬆。其實B1型女性原本喜歡的是儀表堂堂、可靠的男性，但很可能出於反抗心理做出錯誤的選擇。戀愛時很容易迅速親密起來，有陷入形式主義的可能。B1型適合與氣質粗獷的O9型交往，與O1型則很可能形成單向崇拜的關係。

B2（父親A型＋母親AB型）性格
—— 不易衝動，具有冷靜的判斷力

在戀愛方面顯得笨拙，容易受到傷害。AB型母親和A型父親都性格溫和，是非常和諧的一對。B2型看到父親珍愛母親，就會產生也要受到如此待遇的想法。但不幸的是

B2 型是 B 型，不懂得在所愛的人面前撒嬌，不習慣於依賴對方，而有很強的我行我素的傾向。如果在經歷幾次失戀之後，能逐步地改正自己的缺點，就會獲得寶貴的愛情。與渴望激情戀愛的其他 B 型不同，有純情派氣質的 B2 型絕不會花心。適合與開朗的個性派 B5 型和 B8 型交往。

B3（父親 B 型＋母親 A 型）性格
—— 具有模範生氣質，無可挑剔的類型

B3 型女性喜歡能令自己敞開心扉的男性。很容易動情並開展一段戀愛。這是由於平日裡過於抑制自己的感情，內心疲憊所致。在所愛的人面前，有著強烈的表達真實自我的欲望。所以時常會對理解自己的內心並予以包容的同事或朋友產生感情。只是，由於彼此過於了解，這樣開始的愛情缺乏緊張和神祕感，容易成為形式上的愛情。只有在交往中感受到微妙和神祕，戀愛才會成功。B3 型適合與有包容力的 O4 型和 O6 型交往，如果渴望激情的戀愛，則可以與個性派 B10 型交往。

B4（父親 B 型＋母親 B 型）性格
—— 行動或興趣都走極端

忠實於自己感情的行動派。B 型父母通常對戀愛抱有開放且順其自然的態度。由於在戀愛方面不受干涉，B4 型很可能會一見鍾情地表白自己的愛情，或者即使對方已經有了戀人只要有魅力就會毫不猶豫地黏上去。B4 型就算是被周圍人

評價「不要面子」，也不願欺騙自己的感情。不管怎樣，B4型都會經歷豐富多彩的具有戲劇性的戀愛。只是，一旦再也找不到新鮮的感覺，就會輕易地分手。如果不能對自己進行克制，一味地熱衷於更換戀人，那麼很可能一輩子都談不上一次真正的戀愛，這絕不是危言聳聽。最適合的異性是社交能力強且興趣廣泛的AB6型，如果渴望激情的戀愛，可以與B1型和O3型交往。

B5（父親B型＋母親O型）性格
—— 天真爛漫的孩子氣的人

有很強的嫉妒心。B5型在成長過程中很可能受到同血型的父親的寵愛。但是，B型父親和O型母親的夫婦關係非常融洽，所以獨占父親的愛是絕對不可能的。由於處在這種家庭環境之中，自幼起便會對同性產生微妙的競爭意識。一方面表現得非常熱情，一方面卻有超乎常人的嫉妒心，所以隨著戀愛的深入，對方會更加感受到被束縛的滋味。有時會因為忠實於戀愛和感情本身，出現與對方步調不一致的情況。這時就需要調整戀愛的速度。

B6（父親B型＋母親AB型）性格
—— 有很強的自主性，但過於自信

天生的戀愛博士。B6型從小便看到AB型母親熟練地控制著熱情的B型父親，所以對於怎樣控制和領導男性，簡直

可以說是爛熟於心。怎樣打扮自己吸引男性的目光，怎樣激起嫉妒心獲得愛情，諸如此類的方法 B6 型任何時候都可以娓娓道來，在朋友圈中是有名的戀愛博士。一旦遇到理想的人選，絕不會放棄，開始交往後，就會變成可愛而又親切的小女子，刺激對方的保護本能，一切都在 B6 型的掌握之中。適合 B6 型的是可靠的 O1 型異性。

B7（父親 O 型 + 母親 B 型）性格
—— 透過使用手段出人頭地的類型

在性方面非常早熟。O 型父親用寬容的愛包容個性強烈的母親。在這樣的父母的培育下長大的 B7 型會產生像母親一樣早點遇到好男人獲得寵愛的想法。B7 型原本就是這樣早熟的女孩子，再加上激情的 B 型母親的影響，就更加熱衷於愛情了。但是，相對於被愛的渴望，過於缺乏付出愛的精神。在愛情中有自私的一面，一旦對方提出某種要求，愛就會在轉瞬間消失得無影無蹤。最適合的戀人是能夠接受 B7 型的熱情的 O9 型和 O5 型。

B8（父親 O 型 + 母親 AB 型）性格
—— 懂得為他人著想，性格體貼

對異性過於苛刻。B 型女性是一旦開始戀愛便激情四射的熱情派。但是在戀愛方面也會受到母親的影響。因為眼光高、條件苛刻，而且有很強的批判精神，所以普通的男子根

本看不入眼。即便某一天遇到心儀的男子，也會立刻找到他的某種缺點，所以分手是家常便飯。如果希望愛情健康發展且持續較久，就應當敞開心扉，表現出真實的自我，坦白地和對方交流。B8 型和溫柔可靠的 O1 型、AB6 型非常適合，而感性敏銳的 O5 型對 B8 型而言則充滿了魅力。

B9（父親 AB 型＋母親 A 型）性格
—— 固執而且誠實的完美主義者

B9 型受到誠實且認真細緻的 A 型母親的影響，又天生具有 B 型特有的固執，所以是一位完美主義者。與興趣廣泛但集中力較差的普通 B 型人不同，B9 型很適合從事在某個領域進行深入鑽研的研究性工作。只是，出於對 A 型母親的反抗心理，會對長輩、上司或有權威者產生不信任或憤怒。因為父母都有較多的戒備心理，所以 B9 型的交際範圍不太廣泛。總是在和兩三個朋友組成的小團體之內享受親密的友情。

B10 型（父親 AB 型＋母親 B 型）性格
—— 具有成為群體領袖的資質

渴望優雅的愛情。B 型母親追求進步的、自由奔放的愛情，而冷靜的 AB 型父親也比較寬容，只要能夠負起責任，就不會限制男女交往。正因為此，B10 型女性可能很早就有了男朋友。由於崇尚流行，所以非常想體驗電影或電視劇中出現的戀愛方式。但是厭倦有心理負擔的愛情。一旦覺得感

情即將深入，就會逃之夭夭，所以很難獲得實質性的發展。最適合的伴侶是氣質脫俗的男性，和 AB6 型、O2 型、B9 型長期交往的可能性最高。

B11 型（父親 AB 型＋母親 O 型）性格
—— 有女超人氣質的女性

慎重地選擇戀人。由於在性格截然相反的父親和母親身邊長大，親眼目睹了許多矛盾和衝突，所以在選擇異性時會猶豫不決。再加上母親的大力干涉，使 B11 型表現出不太像 B 型的慎重。B11 型在進入正式的交往之前會細心地觀察對方的各個方面，然後才開始交往。B11 型喜歡出類拔萃的異性，希望對方在學歷、外貌、能力方面都是最好的。但是過了 25 歲之後先前的戒備心會變得越來越弱，變得非常大膽，甚至不在意陷入不道德的戀愛，追求具有戲劇色彩的愛情。最適合的伴侶是頭腦聰慧、愛打扮的 AB1 型，與有包容力的 O1 型結婚的可能性很高。

B12 型（父親 AB 型＋母親 AB 型）性格
—— 較早獨立的早熟型

和異性有距離感。AB 型父母雖然琴瑟相和，相敬如賓，但絕不會超過某個限度。這一點對 B12 型與異性的關係上產生了影響。早熟的 B12 型女性在十餘歲起就會被許多男性朋友所包圍，給予人花花女郎的感覺，但實際上非常冷靜，不

第一章　B型─血型密碼

會向任何一個異性獻上自己的心。總是保持一定的距離，最大限度地減少感情的浪費。甚至讓人憂慮，在遇到真正喜愛的男性時，也難以敞開自己的心扉。最適合的伴侶是兼備熱情和知性的O7型、AB6型。

達人指點

愛情雙軌車

B型人透露的愛情相處祕密

　　B型男性最討厭跟人家做同樣的事。在戀愛中徹底照著自己的想法、做法來實行，是以自我為中心的人。即使會招來別人異樣的眼光，只要自己覺得好就OK了。這經常會擾亂伴侶的生活秩序，就協調性這點而言來說稍微有些問題。不過這種無法以常理推斷之處，正是B型男性魅力之所在。

　　他們自由獨特的奇想，經常是眾人注目的焦點。由於個性明朗愉快，也沒有令人害怕之處，所以即使覺得他是「我行我素的傢伙」，也不會對他產生憎惡的心情。

　　B型男性是非常喜愛冒險的少年。在愛情中不怕失敗，一出現喜歡的對象，就會心馳神往。即使失敗了，要不了多久又會像沒事人般。B型男性在戀愛中的缺點是吊兒郎當、散漫。常有失約、不守時等等信用掃地的事。

第二節　B型人的愛情糖果—跳跳糖

　　身為B型女性不夠謹慎，過於好熱鬧、有浪費光陰之虞，做事缺乏規程。心情浮動，所以心情好時跟心情不好時的落差極為顯著。

第三節
B型人際交往 —— 亮底牌

一、人際交往，好牌先出手

簡單地說，B型人缺乏關心他人的態度，給人的第一印象不太好。另外，B型人對自己的觀念很固執，所以大多都被認為是很執拗或具有反抗性格的人。

雖然初次見面時B型人給人的第一印象並不太好，只要稍微跟他聊上幾句，他就會敞開自己的胸懷來接受你。一旦和對方熟識了以後，B型人都能不分彼此地一直交往下去。這也是B型人的一個特點。記住，與B型人交往中，如果自認為是一個特殊的人物而端著架子，那你就可能要與B型人失之交臂。

B型人和A型人正好相反，他不會用世俗的眼光來對待他周圍的人。不管對方是主管還是部下，他都能同樣把他們當做朋友去對待。這樣造成的結果就往往會變成公司內下屬愛他，上級則對他不滿。

A型的人有表面親善而內心卻很警戒的傾向，但B型人

第三節　B型人際交往─亮底牌

就大大不同了,可以說是門戶開放型的,不管對誰,他都能馬上去相信他。B型人不會表面一套而內心又是一套,他是表裡如一的。所以,B型的人在人際關係的處理上通常是很笨拙的。

不過,B型人也有被認為很難與之相處的時候,這也是B型的人特有的個性。一旦這種個性明顯地表現出來,B型人是絕對不會為對方考慮的。但是,只要對方讓他感興趣,B型人不但會對對方表現出很濃厚的人情,而且還會徹底地體諒對方。

總之,B型人就是這樣,只要和他談話,他就會去接受對方。記住這一點,與B型的人交往是很容易的。

二、交往心態 ── 熱情＋真誠

B型人大都是外向的,在人際交往中,往往不太去理會周圍人的看法和感覺,喜歡固守自己的價值觀。B型人開朗、熱情,看上去與誰都容易相處,然而他們不喜歡出現在陌生人面前,只願和相互了解的人真誠交往。

B型人在人際交往中注重實際,不浮誇。對於把人際交往複雜化的行為最為反感,他們喜歡自由,嚮往流動的生活,不拘泥於環境和社會習慣。B型人對任何事都自有主張,不顧忌周圍環境,勇於標新立異,但有些粗枝大葉。

其實，這就是B型人，在人際交往中腳踏實地，將真誠作為自己最高追求的一群人。

B型人對待朋友的感情起伏小，比較理智客觀。B型人的思維判斷彈性大，有餘地，不形而上學；富有智謀，判斷速度快，能立即得出結論，思考面廣，但不輕易下結論；重視真實性、正確性、妥善性，好奇心強。B型人興趣長久，但不願意受束縛及處於一成不變的狀態，習慣於忙碌。

B型人，容易遭O型人或A型人的誤解，被認為行為輕率，沒有辦法集中注意力，言行不一致等等。但是另一方面，B型人和B型人交談的時候，就很容易溝通，並且兩方面都覺得很愉快。A型人和B型人的第一次見面，在A型人看來，B型人是十分浪漫、能融入周圍氣氛的人，有十足的魅力。O型人與B血型人初次交往的時候，通常是B型人的交往意願比較強，但是一旦正式來往的時候，O型人便掌握彼此關係的主導權，一躍而成為主角。

三、人際異常表現 —— 忽冷忽熱

B型人經常處於過熱和過冷的兩個極端人際交往階段。這種冷熱適當散發的話，不會出什麼問題；可是，如果其接觸欲望不能如願，就有突然火熱或冰冷的可能。

B型人很樂觀，不喜歡自我反省，做事時不計前因後

第三節　B型人際交往─亮底牌

果,而且也不在乎別人對自己的看法。B型人的言行舉止是衝動、突發而無反省的,他並不在乎行動的目的與結果。

B型人的人際交往火熱時不分時間、地點,一燒起來,火勢就會向四處蔓延。當對某個人提不起興趣時,又表現的冰冷異常,拒人千里之外。

另外,主觀、懂事、好辯、純真、無欲望、強烈的果斷力及誇張的作風,都是B型人的特徵。在他們腦子裡,只想按自己的想法,主觀地去做自己想做的事,也有人會認為這是標新立異。事實上,B型人是在毫不做作的情況下,極自然地完成自己想做的事,這就是B型的人。B型人對自己的言行向來都很自信,而且也很負責。

B型人對社會這個概念並不執著,同時在適應能力方面也顯得比較貧乏。B型人留戀並拘泥於過去,但時間久了也會淡薄記憶,對未來充滿信心,很樂觀,有遠見。B型人雖然被強烈的自我肯定支持著,又充滿自信地生活在這個世界,然而由於疏離感使然,想要掙脫的也不在少數。喜歡我行我素,厭惡規則、制度的拘束,「不管別人看法如何,我只說自己想說的話,做自己想做的事。」有這種心理的人大多是源於自卑。

多做一些自我反省,可以讓B型人的人際交往趨於正常。

四、解密亮底牌

與 A 型人相反，B 型人中很多人常給予人冷漠傲慢，不拘小節的印象。他們心直口快，不講虛禮，缺乏親切熱情。其實，對誰都坦誠相見，一處就熟的反倒是 B 型人。

這不能稱作雙重性，這是因為他們生來不習慣於繁文縟節，也不擅禮尚往來。在婚喪喜慶場合，最為拘束的也是 B 型人。不了解的人，看到 B 型人那傲慢而又冷漠的態度會擔心其是否心懷歹意。可是接觸後會覺得很好相處。他們不計較小事，雖欠缺浪漫情懷，但心地善良，富有人情味。還有的 B 型人常以行動表示自己對人的同情和理解，他們助人為樂到了近乎管閒事的地步。

B 型人愛與人相處，但與 A 型人有所不同。他們一般不願積極配合別人，常常喜歡自行其事。可是當落單或遭到拋棄時，又非常焦急。人們都把 B 型人叫做「乖僻 B」。從調查情況看，不少 B 型人待人冷若冰霜，而內心卻希望別人能熱情相待自己。

以興趣為工作導向的 B 型人，對社會環境的適應力比較遜色，但是抵抗社會的能力卻比較強。不管社會環境如何的變化、如何的複雜，他都能夠及時把自己與社會切斷，在不受社會的影響之下，繼續地生存下去。

B 型人本能感覺敏銳，能在緊急關頭很充分地被發揮出

來。譬如，遇到地震、火災、巨大事故及天災人禍時，B型人能夠憑著本能感覺的敏銳，察覺到危險，能無意識之中保全自己的性命。他也能夠從混亂中巧妙地脫逃，以非常迅速的動作保護自己。B型人經常憑藉自己的直覺反應，來判斷另一個人的善惡，對事物的看法，他完全是以自己的判斷作為依據，而這種判斷常深植內心，不易改變。

五、人際交往指南針

B型──A型 強大易內訌

A型人與B型人若單從合作的層面上來看，他們可以有多種形式的結合。可以在廣泛的領域裡互相合作，相得益彰，成為強而有力的組合。

因此，對這一組合來說，了解自己與對方間的血型和氣質差別最為重要。A型人對B型人的言行不要斤斤計較；B型人應盡可能朝A型人所希望的方向努力。另外，A型人善於愛護，器重對方，將兩者的職責範圍劃分清楚也是一個有效的辦法。

B型──B型 各行其是

B型人最大的特點是行為和表現都自行其是。所以B型人之間最缺乏相互吸引和合作的因素，即使將他們湊在一起也是各顧各的。話雖如此，他們也未必是動輒針鋒相對的。初相識的，或認識不久的「B型──B型」都會感到對

第一章　B型—血型密碼

方不投機，某種程度上就是沒什麼好感。這一點也許比「O型——O型」更甚。

由於「B型——B型」雙方都是「自行其是」者，所以有時會因相互妨礙對方的行動而產生衝突。但另一方面，他們頭腦靈活，思想活潑，所以經過長時間的較深接觸，在思想上最易發生共鳴。

B型作家和評論家的作品最受B型讀者歡迎就是個最好的例子。再者，他們都不拘泥於禮儀，相處無拘無束，在根本問題上又有共同語言，所以雙方都把與對方交談看作是樂事。即便是多年不通音訊的朋友，偶爾見面也會像過去那樣無拘無束地暢談起來。

可是B型人之間不管關係多麼親密，在行動上仍很難統一步調。他們一脫離群體組織、上下級關係或夫婦關係的束縛，馬上就會「各行其是」起來。即使是置身與上述關係之中，行動上也是難以合拍的。不過，經過一段時間後，他們在精神上或知識方面的合作，是可以成為最佳搭配的。

不能同心協力地應付非常事態，是「B型——B型」可能被人利用的弱點。

B型 —— AB型 集中度較高的關係

B型人和AB型人，都屬於缺乏合作精神和凝聚力的類型。

第三節　B型人際交往─亮底牌

AB型人在工作範圍內或一般應酬方面能很好地配合對方，有時表現出非凡的團結人的本領。但是，在個人生活方面，他們還是按照自己的興趣和步調行事的。AB型人若和B型人組合，能成為很好的合作關係，無論在工作方面，還是友情方面都是融洽的，並能充分發揮輔助作用。

在日常交往中，AB型人常說，與A型人接觸覺得很不自在，和B型人相處心情十分舒暢。這是因為AB型人在這兩種關係中所處的立場不同：前一種場合是輔助者；而後一種情況下是被輔助者。「B型──AB型」輔助關係的特點是以理性為中心，它與著重於感情方面的「O型──A型」恰成對照，當然，這麼說不等於「B型──AB型」間完全沒有感情的交流。

AB型人總是從理性考慮問題，他們對社會上氾濫的不符合傳統或常識性不合理現象感到格格不入，並常為此而苦惱。所以很多AB型人總是悲觀地說：「我的想法說了也沒用，人家不會理解我的。」與此相反，B型人最不拘泥於形式、原則、常識、價值觀和固有的權威等東西，他們能耐心地傾聽並接受在AB型人看起來有點偏執的想法。這對AB型人來說，是理性上的大解放，同時，B型人那獨特的想法也為他們帶來新的刺激。B型人則感到，AB型人有很多觀點與自己相同，所以，就更談得來了。在相互理解這一點上，B型人和AB型人是最佳的組合。

B型人在與AB型人相處過程中，感到AB型人能理解自己，但是與自己有不同之處，他們為適應社會或周圍環境而苦費心思，認為自己缺乏這一點，因而感到自己的軟弱，B型人於是表現出少有的輔助AB型人的意念。

「B型──AB型」在友誼和工作等方面是無可挑剔的。但是在辦理對外事務的能力方面似乎弱一些。另外，正因為是彼此毫無隔閡的朋友，所以相處時間長了就會感到單調乏味，而希望尋求新的刺激，致使組合自然解體。

B型──O型：積極進取富有實力

雖然以O型人為輔助者，在這一關係中O型人始終積極地策勵對方，替對方指明前進的方向。O型人對B型人無羈的行動和奔放的思想一手策鞭，一手勒韁，使其有效地進行。由於B型之馬就這樣馱著O型人飛馳向前，其行動的引導性也是超群的。

不過將這兩種血型關係比作溜馬不免有點欠妥。我們也可以打這樣的比方：B型人演奏豐富多彩的旋律，O型人輔以節奏，樂曲的進行與音節這一藝術形式完美的結合。順便說一下，法國的一位女士曾經把O、A、B三種血型分別比作旋律、和聲、節奏。在歐美的一部分地區，至今仍有人推崇此說。不過，也有不同的看法。從本質上來看，用節奏比作O型人，旋律比作B型人似乎更貼切些。

第三節　B型人際交往—亮底牌

在思想和能力方面，B型人靈活的頭腦可以緩衝O型人的概念化，甚至有點故步自封的思想方法。在處理人際關係方面則是，顯得神經質的O型人則可彌補不拘形式與習慣、大大咧咧的B型人的不足。

總之，無論是在工作上還是生活上「B型──O型」是一對一致向外，積極進取，富有實力的蓬勃發展型的搭檔。O型人主事，顯得穩健；B型人為首，略帶冒進傾向。

「B型──O型」雖比「A型──O型」平淡，但是相互間的印象並不壞。B型人雖然感到O型人那富有現實精神的踏實作風是可靠的，但心中有點不服。O型人愛好具有個性的事物，所以B型人的不羈言行對他們也有一定的魅力。

不過，如果O型人把韁繩勒得過緊，讓B型人有被束縛之感，特別是O型人看透了B型人實際上太缺乏生命力時，這時關係也會分離。

達人指點

人際交往碰碰車

B型人的社交藝術

B型人私心裡不願被拘束著。說白了便是渴望自由。不管想法或價值觀，都應該流露出自己的風格。這並非是無視

第一章　B型—血型密碼

於他人的傲慢性格所致,只是他希望無拘無束。此時,他甚至會忘記自己也是社會上的一分子。不管是自己的對象或上司,他都把他們當作是「一起生活的同伴」,若對方乍接觸到這種態度,難保不會有蠻橫、放肆的印象。

B型人說話太多會導致禍從口出。若只是談笑風生,聽過就算了,但總覺得他表現得不夠得體。由於他不像O型人那般富有理性,故說出的話遭人反駁,他也泰然處之。

B型人一旦被定型,他會極力反抗。上班時間已固定了,但首先感到無味的是B型人,雖然他不致於故意經常遲到或缺席,但總感到很不快樂。也不像A型人只要守秩序、守規則便很滿足了。

好辯的B型人動不動就抗議,一旦遇到怠工的指責,就會百般辯解。要改變這種不受拘束的方式,運用開朗與坦率的特質,好好和上司或同事聊聊吧。

第四節
B型人職場鍊金 —— 技術大師

一、職場鍊金靠技術

當B型人的個性行動被發揮到壞的一面，做事就會缺乏毅力；如果被發揮到好的那一面的話，可以完成很完美的工作。他們重實行，能完成他人所不易完成的任務。

當B型人碰到問題時，常會做廣泛、不定型的彈性思考及想像，決斷迅捷，做出重點性的結論，且能巧妙地把事情處理妥當。然而，遺憾的是：心志不定，具有脫韁野馬般強烈的好奇心，缺乏耐心、毅力，時而懶散，時而心細，尤其健忘，這些都是B型人最大的缺點。

當然如果B型人一旦找到長久興趣的泉源，就極有可能做出讓人驚嘆的事業來。

性急、單純、極端、自我中心，喜歡妄想，很適合從事有創造性的職業，一定要把心裡的話都說出來才行（如果悶在心裡就會生病）。

雖然處理事物乾淨俐落，但有時會被情緒所左右做出出

格的事，使自己遭到誤解，特別喜歡禮物（無論是贈與還是接受），喜歡被人關注。

B型人能夠迅速地做出決定，最討厭拖泥帶水，有很強的親和力和社交能力，但有反覆無常的傾向。所以人際關係也走極端，要麼人氣極旺，要麼獨自鑽牛角尖。平日裡比較散漫，但對於自己喜歡的事物卻會表現出驚人的集中力。從不掩飾內心的喜悅之情，隨心所欲地行動。令人感到意外的是，他們還會仔細地觀察他人，一眼便能做出判斷，只要下定決心就會堅持到底。有時會在鬧得不亦樂乎之時突然變得安靜，此舉卻會使周圍的人感到害怕。

二、擇業真經

B型人善於在一個固定職場有組織地行動；大器晚成者較多。辦事細心、管理負責，工作踏實，在處理事務、革新和應用方面有真才實學。適宜於科技、經濟規劃、作家、歌星、戲劇和短劇演員、摔角及長、短跑運動等。不宜於駕駛和頻繁地接觸人、處理問題的工作。

B1型（父親A型＋母親B型）性格
—— 在團體中總是扮演調停者的角色

適合從事強調個性的工作。正如前面所說，具有發揮仲裁者、調停者作用的平衡感是B1型的特點。由於具有很強

的個性和直覺,如果從事需要創造性思維的工作能夠發揮才能。可以往策劃或商品開發等領域發展。

B2（父親 A 型＋母親 AB 型）性格
—— 不易衝動,具有冷靜的判斷力

有卓越的創意。B 型人有著埋頭做一件事的特點,所以能夠發揮獨特的個性。在進行活動策劃或提供創意的同時處理實務的工作中,B2 型能夠發揮自己的實力。在雜誌編輯或活動策劃等領域發展會很有前途。

B3（父親 B 型＋母親 A 型）性格
—— 具有模範生氣質,無可挑剔的類型

對 B3 型而言,工作本身具有特別的意義。不願像母親一樣拘泥於家庭的反抗心理表現為對社會活動的熱衷。B3 型適合從事總務、財務經理、會計等要求準確性的職業。

B4（父親 B 型＋母親 B 型）性格
—— 行動或興趣都走極端

在專業的研究領域內獲得成功。B4 型擁有非常強烈的個性,能讓人留下深刻的印象。如果能從事演藝界或新聞媒體行業,可以充分地發揮天賦。因為對喜歡的事物會全心地投入,所以在研究領域或專業領域也容易獲得成功。

第一章　B 型─血型密碼

B5（父親 B 型＋母親 O 型）性格
—— 天真爛漫的孩子氣的人

如果成為藝術家或演藝人員有可能成功。兼具 B 型人強烈的個性和 O 型人豐富的表現力的 B5 型具有身為藝術家、舞蹈家、演員獲得成功的巨大潛力。

B6（父親 B 型＋母親 AB 型）性格
—— 有很強的自主性，但過於自信

將別具一格的個性作為武器。如果試圖以常識作為基準理解 B6 型是不大可能的。B6 型的武器就是獨特的個性。磨滅這種個性只會帶來痛苦。漫畫家、設計師等「奇怪的人」的行業是非常適合 B6 型發展的領域。

B7（父親 O 型＋母親 B 型）性格
—— 透過使用手段出人頭地的類型

適合從事有一定刺激性的工作。興趣廣泛的 B7 型面對單純反覆的工作或在某個領域內鑽研的研究工作必然會感到厭倦透頂。適合在能夠滿足多種好奇心的旅遊、新聞媒體行業、服裝等領域發展。

B8（父親 O 型＋母親 AB 型）性格
—— 懂得為他人著想，性格體貼

適應力強，才華橫溢。B8 型雖然是個性派，但也有照顧他人情緒的周到的一面，所以能夠輕鬆地適應職場的環境。

適合普通的事務性職務、服務業、銷售業等各類行業。由於B8型具備洞悉對方心理的能力，所以具有在銷售領域獲得傑出成果的潛力。

B9（父親AB型＋母親A型）性格
—— 固執而且誠實的完美主義者

應利用藝術天賦。B9型有著固執地走自己的路的傾向。由於性格謹慎，對瑣碎的小事也很關注，所以適合從事獨自完成的工作。可以在畫家、陶藝家等藝術領域內尋求發展。因為具有講求原則的保守性，所以如果在職場工作，很容易與同事產生矛盾。

B10型（父親AB型＋母親B型）性格
—— 具有成為群體領袖的資質

利用卓越的直覺。如果能利用天生的直覺，就可以獲得遠超出他人的結果。能準確預感時代發展潮流的感覺就是B10型的武器。適合從事要求具有敏銳度的新聞媒體行業、廣告策劃行業。B10型性格開朗大度，而且很有一套方法，所以在職場中會很受歡迎。

B11型（父親AB型＋母親O型）性格
—— 有超人氣質

成為一流企業的菁英職員。由於對自己的能力非常自負，所以總是表現出自命不凡的樣子。從學校畢業後如果不

能進入眾人嚮往的一流企業就職,就會覺得有辱自尊心。由於創意豐富,拓展能力和適應力突出,在一個團體內部很快就可以獲得認可。

B12型(父親AB型+母親AB型)性格
—— 較早獨立的早熟型

早熟的B12型在與朋友們交往時總是充當哥哥姐姐的角色。所以在職場中,適合從事協調關係、做指示的工作。例如,電臺製片人等發派工作任務的職務,或諮詢師、奉獻式職務等。

三、職場立足 —— 多聽少說

在談吐方面,B型人總是先說結論,而且又不重視順序,有時候話題一扯開,就天南地北地談,缺乏重點。

有些B型人具有很優秀的客觀寫實性和模仿的才能,常常能用巧妙的比喻把對方引入他的談話中,還有些B型人具有超群的幽默感和逗趣的能力。會有許多朋友和同事圍繞在身邊,其樂融融。

然而,B型人更容易走向極端,而給人一種「飄忽」的感覺 —— 不修邊幅,大大咧咧,蔑視傳統習慣,常常做出超出規範的行為。見風使舵,喜怒無常,好說風涼話,這些常常使人感到討厭。喜歡自言自語,愛管閒事,做什麼事情都不

能持之以恆,顯得輕浮,這種漫不經心和對外界的濃厚興趣相結合,形成了B型人的一個重要特點:這就是,一刻也安靜不下來的好動性格。

口無遮攔經常帶給B型人煩惱和麻煩,如果不適當的克服會為自己帶來不利。

雖然B型的人具有柔軟而又有彈性的性格,但對有些事物抱有固執的信念,要是別人一旦觸及這些事,他馬上會表現出格格不入的態度,一點也不肯和別人妥協。

B型人金錢觀念周密,喜歡計劃,過分講究合理花錢,顯得吝嗇。B型人業餘愛好和工作界線不分,雖興趣廣泛,但工作忙時也可以忘記一切業餘興趣。

四、解密B型上司 —— 關注個人表現

B型人,對上司的指示,最好不要做無謂的反擊,以完成工作、做出最好的成果讓上司肯定才是重要的。努力追求最佳的業績,效果雖非一蹴可成,但是值得努力。

B型的主管中,有很多人都是由於獲得長輩和上司的特別賞識,並加以提拔,然後開始嶄露頭角,最後再因為這些強而有力的後盾而升上主管的位置。通常B型人都非常有主見,有具個人特色的做法。

在工作中,對B型主管的性格略知一二絕對是必要的,

這可減少不必要的摩擦,而且也使工作更有效率,而 B 型主管的特性有哪些呢?

1. B 型上司喜歡 —— 朝令夕改

下午的會議延到明天。我想拜託你先做這個,剛才的你別管。他經常一再地變更命令。因為突然的變調而慌慌張張的員工雖會盡力配合,但辛苦了一兩次後,將會感到非常迷惑。

2. B 型上司會 —— 因如天氣般的脾氣而導致失敗

有時下屬會抱怨道,因為輸了那場高爾夫球賽,才這麼氣憤,下次別去不就成了。若有人重犯了上次未被責備的同樣過錯,他便會懷疑這個下屬的能力,但仍決定不了是要允許這種過錯的發生,或嚴厲地責備下屬。

3. B 型上司常因 —— 輕率地承諾而令人感到失望

對下屬而言,上司是絕對的權威,絕對的君子。因此,輕率地許下承諾,或未事先知會便擅作變更,底下人都知道後,對這位主管所說的話變會大打折扣。

4. B 型上司 —— 喜歡引人注目

B 型主管善於臨機應變,在體會了酸甜苦辣後,他會改變方式與方向,繼續去嘗試下一個難題。最看不起沒有理想的人,因此,潛伏型的人才與他興趣不合。腳踏實地、默默做事的人,不會被 B 型主管看在眼裡。

五、職場合作自助餐

B型人遇到A型人

A型人在與B型人交往時,要適當克制本身的完美主義傾向,不要對B型人期望過高,人非聖賢,尤其是對這種完全憑感覺做事的B型人。

A型人對B型人的自由主義應盡量持一種包容的立場,和他們交往時不要對其行為提出過多的詳細要求。如果沒有必要,不要反駁B型朋友,更不要用激烈的言辭去責難對方。否則會使B型人感到不安,如負重荷,從而畏懼甚至因此中斷交往。

和B型人交往時,如果能適當向他們贈予一些小禮物,往往有助於友誼的發展和成功。這些贈與既可以是新奇的小禮物,也可以是誘人的食物。

在涉及到有關時間、地點等都可以由A型人來決定,不用考慮過多的繁文縟節,這樣B型人反倒會因為你的真情而感動不已。

對B型人來說,在與A型人交往的時候,表面看起來總是B型人占強勢,因此更應該多用真心對待對方。B型人不要忽略對方的存在,不要光顧著自說自話,也應當學會聆聽,要常常注意對方在說什麼,不能忘記多尊重A型朋友的意見。這樣的話,A型人才極有可能成為B型人的好朋友。

第一章　B型─血型密碼

A型人與B型人的組合，如果能禁受住時間的磨合，會建立不錯的友誼，無論是工作中還是私下的交往。

B型人遇到B型人

B型人是崇尚自由的代表，可以試想一下，兩個完全崇尚自由的人若結成朋友，那將是怎樣一種狀況？

B型人都是超級自我的人，在他們的世界中，很少能把什麼人或者什麼事放在心上。所以，兩個B型人之間的交往，最缺乏的就是相互之間的吸引和依戀，即使將他們湊在一起也肯定是「1+1」的狀況，而不能成為一個整體的「2」。當然了，這樣也並不是說他們一定就是互相對立的，只不過是他們太自我，很容易把對方「不當回事」。尤其是初相識的朋友，或認識不久的兩人，都常會感到與對方不投機，某種程度上也就沒什麼好感。

B型人和B型人之間很容易起爭執，因為雙方都是特立獨行的，又都是直性子、硬脾氣，所以有時會因相互妨礙對方而發生衝突，但他們之間也是最不記仇的，事情過去就過去了。

最了解B型人嚮往自由、愛幻想的也莫過於同是B型的朋友了，所以，兩個B型人經過長時間的較深接觸，在想法上最易產生共鳴。

再者，他們都不拘泥於禮儀的束縛，隨著性格和個人喜

好而行動，相處無拘無束，又能聊得來，所以都把與對方交談看做樂事。即便是多年不通音訊的朋友，偶爾見面也會像過去那樣無拘無束地暢談起來，絲毫不感覺兩人經過了很長時間的分別而有生疏感。

可是B型人之間不管關係多麼親密，在行動上仍很難統一步調。他們一脫離制度和世俗觀念的束縛，馬上就會自我行動起來。即使是置身於上述關係之中，行動上也是難以合拍的。但是他們每個人都有很強的行動能力，分配給他們去做相對獨立的工作內容，他們每個人都能完成得很出色。並且在經過一段時間的磨合和訓練之後，他們在精神上或技術合作上是可以成為很好的搭檔的。

總之，當B型人和B型人在職場中合作的時候，關鍵就是應當給對方「適當」的關心，並且雙方都應當努力去做那個「付出者」——雖然這種付出對於別人來說也許只是微不足道的小事情。

B型人遇到AB型人

除了B型人之外的其他血型，最能了解B型人的要算是AB型人。當O型人或A型人對B型人所做的事，大感不悅，想口誅筆伐的時候，只有AB型人，會報以一絲諒解的笑容。

AB型人總是城府很深，事情想得很多，忙忙碌碌的沒有空閒的時間，所以在與B型人交往的時候，會採用模糊處

第一章　B 型─血型密碼

理的態度。昨天還很客氣，今天卻像個陌生人般的 AB 型人的待人接物態度，會使 B 型人感到相當吃驚，如果兩個人已突破層層障礙，感情很親密的話，B 型人可能會用比較和緩的態度，接納 AB 型人的一切缺點。但是如果兩人的關係不深，則 B 型人會對 AB 型人一再重複的冷淡態度，感到十分不愉快，甚至產生厭惡感，最終兩人的關係將陷入覆水難收的局面。

當 B 型人知道 AB 型人做了某些不合理的事時，對對方的印象就會馬上轉壞，再也不想深入交往。

如果 AB 型人想和 B 型人在職場中保持長久而美好的關係，則 AB 型人不該用傷人自尊的態度與人交往，而應注意自己的態度。

B 型人遇到 O 型人

這種交往一般 O 型人為輔助者，在這一關係中 O 型人始終積極地鼓勵對方，替對方指明前進的方向，猶如一座燈塔。O 型人對 B 型人不受束縛的行動和奔放的思想一手策鞭，一手勒韁，使其有效地進行，這樣的配合帶來的效果和成就普遍是超群的。

在思想和能力方面，B 型人那靈活的頭腦可以緩衝 O 型人故步自封的思想。善於處理人際關係，有時顯得神經質的 O 型人則可彌補 B 型人在人際關係上的不足。

無論是重大的業務合作，還是部門內部的配合，無論是在工作上還是生活上，這種組合都是一對非常可取的搭檔。

看實際情況可以適當安排哪個血型的人主事：O型主事，顯得穩健；B型主事，則略帶冒進傾向。

達人指點

職場旋轉木馬

B型人的職場藝術

B型人中有很多人都是靠上級或長輩的特別賞識加以提拔，然後才嶄露頭角。最後，他們往往又靠這些強而有力的後盾才榮登主管寶座。

通常，B型人都很有主見，有個人獨立的行為準則。對他來說，關心自我的行為和動機，總是要先於他對社會的野心。所以B型人要想充分施展自己的才華，必須要有人庇護才行。

B型主管還需要良好助手或參謀，隨時在身邊提供協助。

第一章　Ｂ型─血型密碼

第二章
B 型人 12 星座解析

第二章　B型人12星座解析

第一節
B型的火相星座
（白羊座、獅子座、射手座）

1、白羊座（Aries）

3月21日～4月19日

神話由來・象徵意義 —— 精力旺盛的白羊

菲利塞斯（Phrixus）乃奈波勒（Nepele）之子，蒙上玷汙碧雅蒂絲（Biadice）的不白之冤，而被判處死刑，臨刑之前一隻金色的公羊及時將他和妹妹海倫（Helle）一起揹走。不幸的是，妹妹因不勝顛簸，一時眼花落下羊背，菲利塞斯則安然獲救，他將公羊獻給宙斯當祭禮，宙斯將牠的形象化為天上的星座。後來傑生為了奪取這金羊的羊毛，還展開了一段精采的冒險故事。

白羊象徵旺盛的精力，勇往直前的個性，善用腦，積極、活潑、直接，喜歡新的事物。

第一節　B型的火相星座（白羊座、獅子座、射手座）

白羊座・解密 —— 婚姻特點、男女祕技

即使血型不同，所有白羊座的婚姻特點基本上都是一樣的 —— 頂客式。

羊兒希望婚姻中的每一天都可以保持著戀愛的溫度，而唯一的方法就是不讓第三者進駐，這樣才能充分的體驗二人世界的樂趣。

當孩子拚命啼哭，將戀愛思維活生生的哭成婚姻思維，或者一不小心把人的母性激發，將精力都投入到孩子的身上，忽略了彼此，羊兒都是無法忍受的。羊兒寧可不要溫情，也要抓著激情不放手。

白羊男・星座瓜葛 —— 假意真情

白羊座的婚姻態度雖然大體一致，但是性別不同還是有些差異的，誰是白羊男的誘惑星座？誰是白羊男的終身伴侶？

白羊男 vs 天蠍女 —— 假意

同為火星守護的天蠍座是與白羊座很投緣的，天蠍女很樂意接納白羊男人的熱情，同樣也會以火辣的性感魅力回報他們。與天蠍女人過招，定會讓白羊男大呼過癮，其性感指數甚至會把白羊男的腦袋沖昏。但是太致命的魅力會讓自我的白羊有危機感，所以更願意與其享受雲雨之歡而不敢輕易娶回家。

第二章　B型人12星座解析

白羊男 vs 天秤女 —— 真情

單純的白羊男不會花太多心思去了解女人，玩感情遊戲，只要有足夠的魅力保持對他們的誘惑便可，使他們甘願與之組成家庭共度後半生。而天秤女正是由於與白羊男相反的性格特徵，她們搖曳著不溫不火、不緊不慢的優雅步調，總是把白羊男的火苗煽著了又熄滅，熄滅了再點燃，使得白羊男一生都想搞清楚這神祕的美人到底在想些什麼。於是願意下決心塑造自己成為頂天立地的好丈夫。

白羊女‧星座探祕 —— 增加魅力

白羊女因其女人的天性，行動果敢的性格，即使血型不同，但是表現出來的魅力和行為卻大致一樣，身為白羊女最值得期待的就是魅力無限，風采可人。

適合的相親對象：

(1) 天秤座：因為他是很容易贏得白羊女好感的星座，而且能使他絕對服從，而他也能將自己塑造得溫情脈脈。

(2) 射手座：同屬火象的射手座，跟白羊女會情意纏綿。而且緊迫的生活節奏也同步。

(3) 獅子座：獅子座的男性則特別有助於實現白羊女事業上和生活上的美好願望。

適合的相親裝扮：熱情火熱的白羊女最適宜粉嫩色彩的小洋裝，映襯出青春動人的氣息，戴頂帽子會更迷人！

第一節　B型的火相星座（白羊座、獅子座、射手座）

　　適合的相親地點：人聲鼎沸的美食街和白羊女的氣質很相配，而且也比較能飽口福，另一個好處是，如果不滿意相親對象的話，還可以迅速轉移注意力，不用太尷尬。

　　對白羊女的貼心小叮嚀：相親的時候要多注意小細節，記得向你的對立星座天秤座多學學她們優雅的處事風範，想必加分多多。

性格・氣質 ── 性格明朗，易樹敵

　　盲目的行動及迅速的決斷力是B型白羊座的特徵。當別人主意未定、不明就理時，他們早已精神煥發地朝目標前進。一旦下定了決心就會立即付諸行動，他們是由行動引導思考方向的人。

　　B型白羊座人的性格一如和煦的太陽，明朗而活力十足，腦筋靈活，做事迅速敏捷。因此，如果碰上做事拖泥帶水的人，就會苦不堪言了，而他們直截了當的性格，往往會毫無顧忌地把不滿和憤怒表現出來。

　　B型白羊座人對人、對事有永不停息的熱情，一旦決定了目標，便會勇往直前，不達目的絕不罷休，對自己的能力有絕對的自信，是位勇敢的前線戰士。

　　B型白羊座人具有坦蕩的胸襟，喜愛扶助弱小、雪中送炭，對待敵人也是光明正大地正面交戰，不會暗中算計別

人。善惡分明，厭惡曖昧的態度，喜歡把所有的事情攤開在光天化日下來解決，屬於「打開天窗說亮話」的人。

不過，值得注意的是，B型白羊座人這種過於明朗的性格，如果得不到適當的控制，有時會因太過直率而深深刺傷別人的心。雖然他們並沒有惡意，可是無形之中會樹立許多敵人。這點是需要改進的地方。

B型白羊座人會不知不覺吸引旁人的心，這種不記恨的直爽性格，形成了獨特的魅力，不得不令人欣賞，請多加利用這個優點。

金錢‧財運 —— 極具風險的理財方式

B型白羊座人波瀾壯闊的一生中，會很積極地追求財富，猶如一個瘋狂的賭徒一般，把人生視為一場賭局大膽下注。如果成功了，就可能因此獲得大筆財富，但若是不幸失敗了，也可能連本帶利輸得精光，變得一無所有。

此外，B型白羊座人花錢相當海派，一大群人吃飯時他們總是自告奮勇作東。這種舉動絕非做作，可是，這種付款方式很快就會把他們的錢掏盡，錢財就在不知不覺中流失了。但他們會很積極地繼續賺錢，作投資性、風險性大的事業。

B型白羊座的人十分不懂得節制開銷，看到喜愛的東西

第一節　B型的火相星座（白羊座、獅子座、射手座）

會不擇手段，傾家蕩產也要買下來，從不考慮物品的實用性及長久性，是極具危險性的理財風格。

相反地，B型白羊座人在資金運作方面卻又擁有非常好的運勢，可以算作對花錢如流水行為的一種彌補吧。

B型白羊座人對於自己喜歡的商品，從不考慮實用價值，過度消費，結果買回來一大堆不需要的東西，在自己中年以後，要注意避免盲目投資。

另外，十分重要的是，B型白羊座如果有一個良好的人際關係和人脈。對事業和財運將有極其大的幫助。

愛情・心語 ── 一見鍾情愛匆匆

B型白羊座人的愛情多屬於一見鍾情式的，而他們激烈的情感態度著實也令某些人不敢領教。他們是那麼積極而熱忱，受他們青睞的異性往往會受寵若驚而不知所措。

因此，如果能稍微含蓄一些，成功的機率也能相對提高。他們遭受對方一口回絕時，會心灰意冷，但絕對不會死皮賴臉地糾纏。因為B型白羊座的人自尊心十分強烈，對一個曾經拒絕過自己的人展開追求，是他們無法接受的，所以他們寧可放棄。

如果B型白羊座人愛上了有婦之夫或有夫之婦，或是門不當戶不對的對象，或周圍人強烈反對，他們都會不顧一切

地去愛對方。想盡辦法跟他廝守在一起，甚至做出私奔、離家出走等驚世駭俗的事情，困難及阻礙對他們來說無疑是火上澆油。他們很容易付出真情，在燃燒愛情的同時也灼傷了自己。

這種激烈的情感態度，著實令某些人不敢領教。因為B型白羊座人是那麼積極而熱忱，受到青睞的異性，往往會受寵若驚而不知所措。

但是，當B型白羊座人滿懷一腔熱情，卻被對方一口回絕時會像被潑了一桶冷水似的，心灰意冷。雖然對方太過無情，可是絕不會死皮賴臉地糾纏對方。

對於B型白羊座人來說，日久生情，細水長流式的愛情，未免過於遲鈍了，可是如此一來，也失去了很多獲得真愛的機會。大致說來，B型白羊座人的愛情來去匆匆，每一個戀愛都是燦爛奪目的。

婚姻・家庭 —— 閃電結婚留隱患

B型白羊座人從一見鍾情到閃電結婚，尋找伴侶從不喜歡假手他人，諸如相親、朋友介紹等一概謝絕，一定會自己尋找到合適理想的對象。B型白羊座人的結婚日期會決定得十分唐突，或許跟對方見面不到幾個禮拜，便宣布了佳期，可是對於正沉醉在熱戀之中的他們來說，誰也阻止不了他們

第一節　B型的火相星座（白羊座、獅子座、射手座）

想早一點走上紅毯那一端的決心。對於結婚，B型白羊座人並不覺得需要先有什麼經濟基礎，因為打算結婚之後，一切再從頭努力即可，十分富有進取性、積極性。

B型白羊座人自我意識極強烈的個性，如果遇到一位個性不是很溫和的對象，那麼這段婚姻可能就無法天長地久了，但若是對方過於柔順，又反而會覺得對方太柔弱，而處處壓制他。

不過，如果得到一位性格相同的伴侶，那麼B型白羊座人又會把家庭經營得極為朝氣蓬勃，健康活潑。B型白羊座的女性，並不會嚮往安定的家庭生活，即使結婚之後，也不會只待在家裡料理家務，一定會積極到外面找工作，想證明自己的能力。以接受丈夫的養活為恥，不願終日無所事事而成閒散的黃臉婆，一天天老去。為了家庭及事業，熱愛嚴謹忙碌的生活，充分表現出生存價值。

B型白羊座的男性，富有責任心，十分顧家，堪稱是個可靠的丈夫。然而雖然是家庭支柱，卻同時也是一位不折不扣的獨裁者，凡事都以自己的主見來斷定，聽不進妻兒的意見，一句「跟我來」就主宰了全家大小的行動，是十分典型的大男人主義型的丈夫及父親。

總之，B型白羊座的人，對婚姻十分積極，一定會演出一場驚天動地、**轟轟**烈烈的閃電式婚姻，讓家人震驚不已。

但值得注意的是，B型白羊座人，大多數的離婚期在二十五到三十歲之間。沒有看清對方的缺點就立刻結婚，婚後一旦發現對方的真面目，熱情就煙消雲散了，所以結婚之前，最好考慮對方的優缺點，謹慎計劃，切勿衝動行事，以免鑄成大錯。

男女有別‧B型白羊男 —— 責任男

B型白羊男非常有責任心，無論是社會責任還是家庭責任，對人坦誠，熱情又有風度，對朋友講義氣，對女人還很貼心，又很有男子氣概。

B型白羊男勇氣十足，能夠努力打拚創造未來，無形之中忽略了身邊的那些嫉妒的眼光，太過直率讓大家覺得你不給人留情面，似乎有些城府太淺。

背負著家庭責任的B型白羊男大男人主義會更加強烈。

男女有別‧B型白羊女 —— 時尚女

B型白羊女優雅與迷離到了極致，具有夏威夷群島的熱情與狂野，她們是時尚和風景的化身，是男人喜歡追逐的對象。

B型白羊女骨子裡厭惡被束縛，厭惡責任感，她們信仰自由、信仰新鮮，她們比男人更加害怕被義務所捆綁。

第一節　B型的火相星座（白羊座、獅子座、射手座）

愛得**轟轟**烈烈，足可以證明B型白羊女的強烈和時尚的個性。

事業・成功 —— 越有挑戰電力越足

積極活躍的B型白羊座人，較適合從事有挑戰性的工作。在競爭激烈的商業界，他們面對的工作愈困難、愈有挑戰性，就愈能激發他們的獨特能力。在平靜無波折的工作狀態下，他們特有的大膽、積極的行動力，反而顯示不出來，因此，他們必須尋找具有挑戰性、能自由發揮的職業。

國際事務可以充分發揮他們的才能，此外，記者、大眾傳播、企業、市場開拓、公關、宣傳等需要衝鋒陷陣性質的工作，都非常適合。

B型白羊座的人由於缺少持續性和耐性容易半途而廢，不適合需要經過長時間才有成果出現的工作，不過，在雕刻、工藝方面倒很能發揮才華。

星座達人指點

【對B型白羊座人的忠告】

避免過分自信，思考問題方式單一，不納忠言。

對金錢不可過於貪戀，免得有牢獄之災。

謙虛謹慎，友好待人，會有貴人相助，人際交往的擴大

可以帶來更多的機會。

不可因為一時的衝動，將自己的婚姻當做兒戲，否則，激情過後帶來的是痛苦，傷人傷己，浪費許多精力。

磨練自己積極進取的意志，做事避免半途而廢。

2、獅子座（Leo）

7月23日～8月22日

神話由來・象徵意義 —— 高貴的獅子王

傳說中和獅子座有關的是位於希臘尼米安（Nimean）谷地的一頭獅子，在一次搏鬥中被海克力斯殺死。由獅子座的神話可以聯想到獅子的勇敢和善戰。由獅子去聯想獅子座的特性，很容易就可以想到很多，如高貴、同情心、王者之風等。

獅子座・解密 —— 婚姻特點、男女祕技

即使血型不同，所有獅子座的婚姻特點基本都是一樣的——開放式。

獅子座雖然不是一個花心的星座，但與生俱來的稱霸欲，讓他們絕對不可能甘心只在一個人的世界裡徘徊。因此他們理想的婚姻絕對是開放式的，不受形式束縛的，可以隨

第一節　B型的火相星座（白羊座、獅子座、射手座）

便在外面擁有知己。

不過獅子座所謂的開放式顯然只是對於自己而言，在他們心中另一半必須安分守己，而自己卻大有可以為所欲為的傾向。

獅子男・星座瓜葛 —— 假意真情

獅子座的婚姻態度雖然大體一致，但是性別不同還是有些差異的，誰是獅子男的誘惑星座？誰是獅子男的終身伴侶？

獅子男 vs 獅子女、白羊女 —— 假意

獅子男內心其實是一個正在成長的孩子，他們很需要超高溫的激情來展示自己用不完的能量，所以同為獅子座的女生很能與獅子男同一步調，去一起瘋玩，並與之燃起**轟轟**烈烈的一段愛情。但兩頭獅子都需要對方的仰慕可是又誰都不肯為對方妥協，很難讓獅子低下頭將另一頭母獅娶回家。

因為見多了社交場合的推杯換盞、互相恭維，所以純真率真的白羊女很能讓獅子男找到陽光年少的感覺。他們很渴望並期待著與火辣直接的白羊女展開一場熱力角逐，可以說白羊女是最能挑起獅子男性戰鬥欲望的。

獅子男 vs 天秤女 —— 真情

對於獅子男來說，高貴的頭顱重於一切，他們對於與自己共同出入社交場合的女人要求很挑剔。品味要高雅，但又

不能太過奪目而搶了自己風頭；要很會為人處世，又要以輔佐自己為前提；要足夠聰明圓滑，又要分寸拿捏準確，不失大氣……這一切苛刻的條件似乎非天秤女莫屬了。天秤女似乎生來就是當王后的料，很藝術又不失理性地在獅子國王身邊打理這一切，這令挑剔的獅子國王非常滿意，願意將這個天生的尤物攜上紅毯。

獅子女・星座探祕 —— 增加魅力

受人矚目的獅子女因其女人的天性，王者、大氣的性格，非常吸引眾人的目光，她們崇尚豐富多彩的生活。

有其倔強的一面，如果被直接批評或指責，內心會震怒。

即使血型不同的獅子女，所表現出來的魅力和行為卻大致一樣。獅子女最值得期待的就是自身的魅力無限，風采可人。

適合的相親對象：

(1) 水瓶座：這個星座的男性會撥動獅子女的心弦。他們的生活將是穩定而和諧的。

(2) 白羊座：和白羊座的男生結合，有助於獅子女成就宏偉的事業或實現夢想的計畫。

(3) 射手座：射手會讓獅子女的生活變得豐富多彩，並會經歷奇異的旅行生活。

適合的相親裝扮：高貴華麗的獅子女最適宜帶點亮片或鑽飾的華麗吊帶，既高貴又性感，非常吸睛……陶瓷燙造型

會使整體的感覺更加時尚！

適合的相親地點：獅子女偏愛異域情調的高檔餐廳，當然，能夠消費得起這種等級餐廳的對象，才值得獅子女一見啊！

對獅子女的貼心小叮嚀：

相親的時候不能一味以自我為重心，記得向對立星座水瓶座學學她們溫和的處事風範，會增加更多朋友。

性格・氣質 —— 不走平常路

B型獅子座人相當具有個性，喜歡把自己的情感完全表現出來毫不隱瞞。自我意識很強，情感也十分激烈。當然，B型獅子座人不欣賞平凡的人生，也具有排斥平凡的大膽行動力。

B型獅子座人思想極富彈性，行事總是鋒芒畢露，相當耀眼，在一群人當中經常是眾人注目的焦點。對於未來很具企圖心，重視權力與名譽，可以說是野心很大的人，不過，或許就是因此緣故，B型獅子座人通常都能出人頭地，在各種事業競爭上，也總是顯得出類拔萃。

B型人，多半具有廣泛的興趣，而獅子座則不然，所以B型獅子座人興趣和目標的範圍便自然而然地縮小了。

一旦決定目標之後，B型獅子座人會奮力前進，不畏懼

第二章　B型人12星座解析

所有的困難與阻礙,即使失敗了,也有再度站起來的信心及勇氣。

B型獅子座的人通常度量很大,極少為小事而發脾氣,同時也是個表裡如一的人,不掩藏自己的真情,相當坦率,可說是個性情中人。能照顧別人,在人群中經常扮演領袖的角色。

值得一提的是,B型獅子座人從看似倔強的個性中,常可發現天真、頑皮的一面,事實上甚至可以說這正是其最可愛、最具魅力的一面。

不過,有部分B型獅子座人的天真、是純粹的自我中心造成的,其中摻雜了任性與驕傲。若有稍不如意的事降臨在自己身上,便會一發不可收拾的放縱自己。

金錢・財運 ── 風險投資需謹慎

B型獅子座人有很強烈的賺錢欲望,擅於計劃大規模的賺錢行動,對於生財之道腦筋動得很快。

B型獅子座人的成功機會很大,但所賺來的錢很少會想到儲蓄起來,總認為應該讓錢滾錢,通常會把盈餘再從事其他的工作或事業,是個典型的冒險人物。

不過,在賺錢一事上似乎運氣時好時壞,也許上筆生意大賺。把豐富的利潤再繼續投資時,卻敗得一塌糊塗,甚至

第一節　B型的火相星座（白羊座、獅子座、射手座）

虧損連連，債務纏身，這是 B 型獅子座人在作生意時經常碰到的情況。

大致來說，B 型獅子座人算是很會花錢的人，經常會有大筆的開銷。不過，即使是把錢花個精光，還是有本事把它賺回來。

B 型獅子座人之所以熱衷於追求財富，最主要的原因，不是為了累積財富，而是為了追求由錢財帶來的地位及權勢。

整體而言，如果為家庭著想，最好購置不動產。此外，要提醒一點，財運雖佳，但是卻沒有投機的好運。

愛情・心語 —— 只要我喜歡

B 型獅子座人談起戀愛來**轟轟烈烈**，可是一旦熱情消失，在心中甚至不留下痕跡，而從熱戀到結束，往往是如煙火般，瞬間絢爛罷了。

B 型獅子座人經常因為心中充滿了熱情和愛意而去尋找戀愛對象，並不是出於鍾情某人。由於交往廣闊，所以結交異性朋友的機會也相對增加，戀愛經驗可說是相當豐富。

在熱戀的階段，B 型獅子座人經常覺得自己時刻都在思念著對方，到了魂牽夢縈的地步。但是，即使是思念，也不會因此而感到煩惱或困擾。他們認為既然愛慕對方，那麼就

第二章　B型人12星座解析

勇敢地去表白吧。B型獅子座人絕不會因為追求伴侶而卑躬屈膝，男性更是奉行「男兒膝下有黃金」的至理名言，不會為了求婚而向女性下跪，那是自尊心絕對無法容許的。他們認為戀愛是兩個人的事，是彼此付出關懷的表現，不應只停留在單方面乞求對方的施捨。因此，兩人完全站在平等的地位。戀愛時，將心比心絕對是最重要的前提，別吝嗇給對方多一點心意，多一份體貼。

B型獅子座人如果因為求愛被拒絕，並不因此喪失信心或放棄，通常會加深追求對方的意念及決心。特別是B型獅子座的男性，如果認為還存有一絲希望，一定會設法打動對方的心。究其原因，或許是覺得自己的條件不錯，理應不會失敗才是。另一個原因，則是覺得不易追求的對象，更具神祕的吸引力。

B型獅子男會不惜花費巨資購買禮物送給對方，顯得有些盲目衝動，如果，一旦真正追求到對方，贏得美人芳心，便會展開不凡的戀情，不但經常約會，而且去的地方多半是氣氛好、消費高的高級餐廳。

B型獅子座人無論男女，談戀愛時都希望能支配對方。尤其是男性，會十分寵愛對方，可是，一旦熱情消退，便又顯得無情無義。一副「只要我喜歡，有何不可」的態度，到此時誰也挽回不了他的心。

第一節　B型的火相星座（白羊座、獅子座、射手座）

對於性的方面，B型獅子座的人，無論男女都採取開放的態度，有些男性，甚至認為性是一種遊戲。

婚姻・家庭 —— 個性太強需磨合

無論是B型獅子座的男性或女性，在婚前多半都過著十分自我的日子，可是一旦結婚之後，便又相當有責任感。男性想做個好丈夫，覺得自己應該給太太一個安全、幸福的生活保障。而女性方面，則希望自己成為丈夫事業及精神上的得力助手，不只把家務料理好，對先生的工作也能給予很多建議和支持。

在選擇結婚對象時，B型獅子座人可能會以「性格是否相合」為優先考慮，其他問題，則不在考慮之列。如果兩人對人對事的觀點不一致，一定會造成意見分歧，溝通不良，再加上脾氣不是十分溫和，那麼婚姻必無幸福可言，這些情形很容易導致離婚或分居的結果。

另外一件促使B型獅子座人離婚的原因，便是B型獅子座人都很獨立堅強，一旦雙方性格不合，便決意離婚，毫不留戀。如果是B型獅子座的女性，婚後跟婆婆同住，婆媳相處的問題會形成不小的心理負擔。因為個性太強導致跟長輩共同生活覺得沒有個人的空間，十分拘束。

B型獅子座人，致力於工作，喜歡自由自在的生活。如

果因家務而煩惱，會感到非常不耐煩，有時甚至會發生露水姻緣，藉此尋求刺激。

而B型獅子座的女性，也不甘於待在家裡當個邋遢煮飯婆。一般來說，B型獅子座人在婚後仍會堅持理想，繼續工作，希望能跟丈夫站在同一個立足點上，有平等的地位及機會，是個現代女性。B型獅子座的男性，雖然不喜歡家務的煩瑣，但平心而論對待妻子還算十分體貼。妻子的意見大致上都採納聽取，工作上的事情，也會跟妻子討論。不過對妻子談的家常話，卻不是十分樂意傾聽，害怕嘮叨的妻子。

因此，如果嫁給B型獅子男為妻，那麼就得學著放寬心胸，保持樂觀的心情。對於那些東家長、西家短的事，最好不要拿到家裡來說，讓先生下班之後，精神得以休息。

男女有別・B型獅子男 ── 失敗「零」容忍

B型獅子男內心堅強，即使失敗，當面也不表露，不露絲毫氣餒之色。當自己一個人的時候，卻像個氣急敗壞的小孩，捶胸頓足，亂扔東西。B型獅子男就是這樣愛面子，輸不起。明明想和你溝通，卻擺出訓人的姿態，明明滿心抱歉，偏偏冷血到極點。

沒辦法，誰叫他姿態太高，反而找不到臺階下。假民主真獨裁，不要相信B型獅子男的和顏悅色，那都是有目的的！

第一節　B型的火相星座（白羊座、獅子座、射手座）

B型獅子男不容許別人挑釁他的權威，不接受別人傷害他的自尊。強烈的優越感和權威作祟，會令B型獅子男表現獨裁本性。

男女有別・B型獅子女 ── 大姐大

B型獅子女有活力、開朗、時尚，這正是吸引異性的優點，也因此經常在初次見面時就能讓對方留下美好的印象。

B型獅子女的性情愉悅和善，頗能自得其樂，交往過程中非常火熱且華麗氣派！就像是一位大姐大，外向、奔放，也會有固執、自負的一面，在心有不滿時不會拐彎抹角。

自尊心強、好面子的B型獅子女總是不經意間成為了姐妹圈裡的佼佼者，成為姐妹們學習和模仿的對象。

事業・成功 ── 適當的時候擁有自己的公司

B型獅子座人不可能永遠只是一個領薪水的小職員。因為策劃組織能力極佳，再加上大膽的作風，很有條件經營一家屬於自己的公司，擁有自己的事業。

B型獅子座人的職業運氣甚佳，雖然浮動幅度非常劇烈，但是，成功的希望頗為濃厚。除了自組公司之外，能運用才能及技術的工作也很適合。

由於B型獅子座人個性外向，再加上創造力不凡，很能

掌握時代尖端的最新資訊。因此，在考慮職業時，也可以選擇大眾傳播或廣告策劃等新興的行業。如果藝術天分得以發揮，演藝事業也是個不錯的選擇。

總之，B型獅子座人應盡量避免從事實務性的工作，以及一成不變的死板工作，那會抹殺了才幹，阻礙成功的機會。如果經營自己的事業，有一項經營原則必須謹記在心：切勿因過分擴展而招致失敗。

星座達人指點

【對B型獅子座人的忠告】

雖然自己覺得好，不一定別人也覺得好，不要持強迫的態度。

過於自我中心，容易招嫉，真正的領導者，應有寬容的氣度。

財富及權勢只是一時的，有如過眼雲煙，不必太在意。

多傾聽伴侶的心聲，婚姻不是只有責任，還需一份真實的愛。

別勉強自己從事死板的實務性工作，經營自己的事業時，應謹記切勿擴展太快，穩健踏實才是成功的最佳途徑。

第一節　B 型的火相星座（白羊座、獅子座、射手座）

3、射手座（Sagittarius）

11 月 22 日～ 12 月 21 日

神話由來・象徵意義 —— 來無影去無蹤的射手

射手座呈現的是半人半馬的型態，具有動物和人類雙重面目，是個著名的先知、醫生和學者。他是希臘著名大英雄傑森（Jason）、阿基里斯（Achilles）和艾尼亞斯（Aeneas）的撫養者。傳說他是克洛諾斯（Cronus）和菲呂拉（Philyra）之子，也是宙斯的父親。他是在受驚嚇後，把自己變為馬身，其母斐萊受不了兒子半人半馬的怪模樣，便變成了一棵菩提樹。

射手座的守護星是希臘神話中的宙斯 —— 宇宙的主宰和全知全能的眾神之王。所以是個神聖的完美主義者，有陽剛的氣息、寬大體貼的精神，重視公理與正義的伸張。

射手座・解密 —— 婚姻特點、男女祕技

射手座基本上是個半人半獸的怪物，手裡有張大弓，也是個瀟灑且帶侵略性的獵人，到處尋找獵物，只要是好玩、好吃，能刺激他的玩意，他的箭會射得又快又急。像支點了火的箭，射到哪裡就燒到哪裡，來得急也去得快。所以他們總難安頓。

即使血型不同,所有射手座的婚姻特點基本都是一樣的 —— 做客式。

做客式婚姻是婚姻生活散漫的極至,雖有法律上的認可,但雙方的生活依然自由到底。可以玩命的跑趴,陶醉於迷亂的酒精中,可以徹夜的狂歡,流連於單身歲月的霓虹燈之下。

就連見面也只能靠偶然的時間巧合,相聚變成做客,婚姻的枷鎖徹底解脫。射手座要的婚姻感覺就是茫然和繽紛的,存在著無數次的心動,卻只是婚姻中的客人。

射手男・星座瓜葛 —— 假意真情

射手座的婚姻態度雖然大體一致,但是性別不同還是有些差異的,誰是射手男的誘惑星座?誰是射手男的終身伴侶?

射手男 vs 水瓶女 —— 假意

首先天王星守護的水瓶座與木星主宰的射手座有一定的共同之處,見識廣博的水瓶座很能滿足射手座的獵奇心理。並且水瓶座的四處獵奇性格不像射手座那樣有階級感,除了高深的哲學可以共同探討,水瓶座又會關注社會邊緣甚至底層的人群生活所影射出來的人生道理。射手男很是迷戀水瓶女這種博愛與包容的大智慧,但是比射手男更加熱愛自由的水瓶女會讓射手男有不安定感,所以不太敢娶回家。

第一節　B型的火相星座（白羊座、獅子座、射手座）

射手男 vs 白羊女 —— 真情

射手座很追求上進，很希望自己能在夢想追求途中有一番作為。但在木星的吉光照耀下，射手座的好運氣很多，因為太過好運所以總容易不停地往前奔跑而忘記了抓牢什麼。而白羊座是很重視擁有感的一群，有白羊女陪在射手男身邊，會不停地督促射手男要目的明確地攻下一座堡壘，再去開拓新的機會。這樣才能使自己的疆土越來越廣闊，距離自己的夢想才會越來越近。白羊女很符合射手座的現實生活目標，所以更易共同走入婚姻。

射手女‧星座探祕 —— 增加魅力

自由奔放的射手女因其女人的天性，好奇心強的性格，即使血型不同，但是表現出來的魅力和行為卻大致一樣，身為射手女最值得期待的就是魅力無限，風采可人。由於射手女的風格太過於奔放，應該懂得適當的控制一下。

適合的相親對象：

(1) 雙子座：雙子男的風趣和博學，會讓射手女的生活充滿朝氣與歡樂。
(2) 白羊座：和激情滿懷的白羊男相處會非常愉快
(3) 獅子座：和獅子男會相互愛慕，相處得十分融洽。

適合的相親裝扮：開朗活潑，酷愛自由的射手女，看起來往往顯得很年輕，俏麗的學生風格裝扮，顯得清新美麗，

容易給人好感。

適合的相親地點：酒吧一定是射手最適合相親的地點，如果看對方不順眼，也不會讓酷愛豔遇的射手女太寂寞，因為燈紅酒綠中的紅男綠女太多了。

對射手女貼心小叮嚀：相親的時候還是要稍微控制一下開心果本色，加點矜持，記得向對立星座雙子座學學時髦的品味，一定會更加使對方刮目相看。

性格‧氣質 —— 自由翱翔

B型射手座人的性格是自由意志型，最討厭被強制行動或受規則束縛，追求自由自在地飛翔的人生，這是第一個性格特徵。

B型人和射手座的性格有很多共通點，自由意志也是其中之一。好奇心強，對什麼事都表示興趣，對事情不執著，也是共通之處。不拘泥形式及習慣，對事情有彈性的想法及臨機應變的行動，這也可說是共通的第二個性格特徵。由於是相同的性格配合在一起，所以B型射手座人可說是B型人和射手座結合的完美典型。

如果勉強舉出差異，就是射手座比B型人更自由奔放且熱情，而B型人比射手座重視實際性。

B型射手座人興趣極為廣泛，甚至想身臨其境看看每一

第一節　B型的火相星座（白羊座、獅子座、射手座）

件事情的發展經過。B型射手座人大概是在見聞並體驗世上所有的事吧，對知識及經驗都抱著這樣的熱情。

自我防衛的本能微弱是此類型的特徵。在人際關係上不會築一道保護自己的牆壁，行動方面也有不顧危險而突進的膽量。對任何人都開放的顯露自己，會給他人有老實且明朗的印象。大膽的行動力，也許會獲得正面且有勇氣的評價；但若以相反的角度來看，就是太過不小心，缺少慎重。

B型射手座人缺點是沒有持續性，無法持續既定的目標，雖然思考及行動都敏捷，但是容易喪失目標。有卓越的集中力，卻沒有耐心及毅力。如果失敗了就頹喪的在半途放棄，或者儘管是辛苦得來的，若厭煩了，就輕率地捨棄。與四周步調不一致，容易一個人就先動手。頭腦轉動快，才能也多，但易厭煩及性急，偶爾會惹禍。

金錢・財運 ── 小富即安

B型射手座人賺錢的欲望並不強烈，也不想儲蓄一大筆財富，賺錢的原因，只是為了應付自己起碼的開銷。

B型射手座人看重的是精神生活，希望能夠讓自己的一生充滿豐富的色彩，所以既不願為了賺錢而過分勞累，也不想為日後的生活儲蓄。

不過，B型射手座人賺錢的本事還是不小，由於腦筋極

第二章　B型人12星座解析

佳,能力也很強,成為致富的利器,有一夕之間賺進大把鈔票成為鉅富的機會,問題在於是否有這個心。

用錢很大方,不在乎花費多少,只要能滿足自己的需求在所不惜。可以說是個花錢沒有計畫,也不熱衷於賺錢的樂天派。

總括來說,B型射手座人的財運並不是十分穩定,工作所得以及投資帶來的利潤,都會因為花錢如流水的個性而無法留住。

B型射手座人對社會的野心及金錢的欲望極薄弱,可說是具有高深哲學精神之人,所以幾乎從不對世俗的事情及物質保持執著。

有鑑於此,建議不如將金錢花在購買有價值並且能保值的寶石或藝術品上,來得更划算,年老之後總是需要一些經濟做後盾。

愛情・心語 ── 喜新厭舊的傾向

B型射手座人是個十分熱情的人,談起戀愛認真而且熱烈。由於無法從一而終的個性所致,在愛情的路上總是尋尋覓覓,經常因為發現新目標而忘卻舊愛,有些喜新厭舊的傾向。

雖然如此,但不能說B型射手座人是個輕浮的情人,因

第一節　B型的火相星座（白羊座、獅子座、射手座）

為，B型射手座人不會同時跟多位異性交往，每一次戀情都是全心全意。

每一次戀情通常是由B型射手座人主動展開攻勢，不會因為對方的外表容貌來判斷是否值得交往，多半時候會因為發現對方美麗的內在而萌生愛意，這是頗令人欣賞的一面。

B型射手座人一旦談起戀愛，便有如熊熊烈火一般，但是如果追求遭拒，絕對不會再留戀，可以很瀟灑地離開。

B型射手座人擁有不計現實利害的愛，一旦產生感情，便全然地奉獻出自己的身心毫不猶豫。很令人意外的是，在如此強烈的愛慾下，獨占欲和嫉妒心卻出奇的淡，不想完全占有對方，也要求自己擁有絕對自由的空間。

而B型射手座的女性，尤其明顯地表現出這種性格，不想以對方為依靠或避風港，也不會成為愛情的奴隸，是拒絕成為第二性的現代女性。

整體而言，B型射手座人即使失戀了也不會糾纏對方，覺得戀戀不捨，大都能以坦然、瀟灑的方式為這段戀情寫下句號。而過去的回憶和失戀所帶來的傷害，也不曾造成心中無法彌補的裂痕。

B型射手座人，無論男女，對性均抱持著開放的態度，而且絕對不會把性與愛混為一談，因此，即使心中沒有愛存在，也能享受肉體的歡愉。

B型射手座人有時因過於輕率，讓許多真愛從身邊流逝，相當可惜。

婚姻・家庭 ── 互相關注，盡到夫妻責任

B型射手座人通常是由自由戀愛而步入結婚禮堂的，相親的傳統形式與B型射手座人崇尚自由意志的性格並不相符。

B型射手座人的結婚時期不是極早，便是極晚。之所以早婚，原因在於年輕時熱情的性格，一旦熱情，輕率地選擇婚姻，這類的婚姻通常會以失敗收場。因為雙方並不是十分了解，離婚的機率偏高。

而造成晚婚的原因，則是因為害怕婚姻成為束縛的心理所影響，或是愛上了已婚的對象，因此，一拖多年造成晚婚。

一般而言，B型射手座人經過多次戀愛經驗，能夠更了解愛的真諦之後再談婚姻，成功的機率較大。無論是B型射手座的男性或女性，在婚後仍不會改變追求自由的意願，男性討厭被妻子控制動向，女性則厭惡成為家務事的奴隸。

B型射手座人都認為婚姻是兩人互相為伴，白頭偕老，而非互相牽制，束縛對方。

因此，男性只要自己能夠有自由的保證，則對待妻子會

第一節　B型的火相星座（白羊座、獅子座、射手座）

十分寬大而且明理，妻子如有工作會主動幫忙家務事，但是唯一的缺點便是，太過於熱衷自己的生活，有時會忽略了妻子的想法及感覺。

如果是B型射手座的女性，那麼，家庭觀念一定不是十分濃厚。大致來說，這是因為事業心強，或是由於熱衷於自己的興趣。獨立性很強，對丈夫不依賴，也不會想把丈夫牢牢拴住，即使他有拈花惹草的風流事也不會很在意。

事實上，B型射手座人婚前婚後的生活方式並沒有太大的差異，一樣是自由自在的無拘束感，即使有了孩子，也是如此。對待孩子猶如朋友，家庭的氣氛開朗而且富有朝氣。

不過，要注意的是，切莫因過於放縱而變成不負責任，釀成家庭悲劇，應仔細想想自己對家庭的義務。

男女有別・B型射手男 ── 親身實踐男

B型射手男熱衷於追求知識和汲取人世的經驗。但絕不僅在於好奇，或有興趣而已，更有心去親身體驗，因此，人生經驗相當豐富而多采多姿。

B型射手男重視形而上學的精神哲學，對金錢、名利沒有野心和欲望，所以，對這些世俗凡物也就不會過分執著。或許就是這個緣故，在人際關係上，顯得不夠積極，也不懂得如何隱藏、保護自己。

換個角度來看，B型射手男對每個人都採取開放的胸懷，直爽而且誠實，這點倒是給人相當不錯的印象。

由於B型射手座人極少顧忌世俗眼光，所以做起事來，往往積極而大膽，不過應注意，雖然大膽卻要心細，行事謹慎將更為有利。

男女有別・B型射手女 ── 半途而廢女

B型射手女除了有許多和射手男共同的優點之外，當然也不乏一些缺點，由於思考和行動都異常敏捷，再加上崇尚自由意志的心態，做事經常隨興所至，不太有持續性。

B型射手女雖然做事非常集中精神，但就是缺乏耐心及毅力。做事總是半途而廢，以致功敗垂成。有時，B型射手女對辛苦換來的成果，一旦感到厭倦，便毅然決定捨棄，令人惋惜。

B型射手女的行動敏捷，往往比別人要早一步，加上頭腦靈活，才華出眾，成功的機會總是比別人多一倍。

如果，B型射手女是一個人從事自由業，倒也無妨，但若是在團體中，做的是需要同心協力的工作，那麼，切記要收斂輕率的毛病。不守秩序、輕視規則、常會帶給別人麻煩。

第一節　B型的火相星座（白羊座、獅子座、射手座）

事業・成功 —— 克制輕率的脾氣

B型射手座人，在職場運勢方面可說是充滿變數，這多半是由於自己的性格所致，極少能從一而終地完成一件事。

不過，由於B型射手座人的才能頗高，所以成功的機會不小。但要注意的是，稍微克制一下自己輕率的脾氣，否則，成功的機運將遠離而去。

B型射手座人選擇職業時，最好能夠選擇以才能取勝的工作，也可從事兩、三種性質類似可以相輔相成的工作，而且必須是自己感興趣的，如此才能提高成功的機會。

不妨考慮這些職業：作家、攝影師等，都會有不錯的發展，其他有關學術方面的工作，也大有可為，只要努力必能有所成就。從事單調、刻板的工作，或在團體中從事小螺絲般的工作，以及必須承受壓力的職業，都會妨礙發展。

遇到挫折別失望，有時衝破陰霾之後，便是一片藍天了！

星座達人指點

對B型射手座人的忠告

無視形式、輕視秩序的傾向不好。自由行動雖好，也要考慮與他人的協調。

第二章　B型人12星座解析

　　在婚姻生活中,夫妻都必須接受某種程度的約束,超過了範圍,便可能使家庭的步調大亂,危及婚姻。

　　不要勉強自己停留在單調、刻板的工作,以免抹殺才能。

　　愛情最忌諱輕率,而不考慮現實性,因此,當燃燒愛情火焰的時候,小心灼傷了自己,徒留遺憾。

　　採取穩健的方式經營錢財,否則,徒有賺錢的本事,卻不保有財富。

第二節
B 型的風相星座
（雙子座、天秤座、水瓶座）

1、雙子座（Gemini）

5月21日～6月21日

神話由來・象徵意義 ── 糾結的雙子心智

在埃及，雙子座的名稱為「孿子星」，是以這星座中最明亮的兩顆星卡斯達（Castor）和波利克斯（Pollux）命名，這兩顆星另外還有兩組名稱，分別為海克力斯（Hecules）、阿波羅（Apollo），特里普托勒摩斯（Tritolemus）、艾遜（Iasion）。埃及人觀念中的孿子座為幼童，而非一般常見的成人形象。

雙子座代表雙胞胎的兄弟，象徵二者心智上的連結，以及兩個人對客觀環境的共識。

雙子座・解密 ── 婚姻特點、男女祕技

即使血型不同，所有雙子座的婚姻特點基本都是一樣的 ── 試驗式。

在婚姻上，雙子座永遠是具有探索精神的先鋒星座，願意為新式婚姻身先士卒，磨掉傳統沉重的稜角。他們不願意為了一點錢就把自己草草交付了事，更不會安心的看著愛情已經遠去，還守著婚姻的空殼。

雙子座寧願把一紙婚書拋到一邊，也要追求感情生活的品質，所以試婚便很容易成了雙子的首選。別看雙子座平常一副大大咧咧，沒心沒肺的樣子，在感情上，他們是寧缺勿濫的。

雙子男・星座瓜葛 —— 假意真情

雙子座的婚姻態度雖然大體一致，但是性別不同還是有些差異的，誰是雙子男的誘惑星座？誰適合當雙子男的終身伴侶呢？

雙子男 vs 處女女 —— 假意

雙子座總是向女孩子炫耀自己的知識廣博無人能及，來引起女孩子的崇拜之情。但是遇見處女座，他們就大受打擊。因為處女座也同樣受水星守護，遇事思考的能力一點不比雙子座差，並且對知識的要求非常嚴格。她們會先接納雙子的炫耀，又同時將其批判得體無完膚。這種把妹時的艱辛感對雙子男來說是很大的刺激，令自己更加上進並且試圖征服處女座美眉。這種階段性的艱辛感會讓他們產生征服的衝動，雄性爆發，但因為害怕挫敗於是沒勇氣選擇與之長久生活。

第二節　B型的風相星座（雙子座、天秤座、水瓶座）

雙子男 vs 水瓶女 —— 真情

愛好交際的雙子座經常會因為不同的應酬而逢場作戲，而身為他的另一半，首先要足夠理解雙子的交際需求，才不容易導致誤會。水瓶座也是交際非常廣泛的一族，並且交際範圍比雙子座還要廣，見的世面還要多，聰明的水瓶座甚至可以為雙子座提供很多有意義的社交經驗，幫助雙子座這個長不大的孩子用更加成熟的方式去處世，所以雙子座願意將水瓶女娶回家當賢內助。

對雙子男的忠告：由於生活隨興，不喜拘束，因此離婚的情形很多，應特別注意。

雙子女·星座探祕 —— 增加魅力

足智多謀、八面玲瓏的雙子女因其女人的天性，游離不定的性格，即使血型不同，但是表現出來的魅力和行為卻大致一樣。

在這裡我們只做共性的研究，身為雙子女最值得期待的也是女人嚮往的魅力無限，風采可人。

雙子女由於性格中具有雙重性，否定和肯定總是同時出現，因此，建議對那些看不慣的行為最好不發表意見，免得惹人非議。

適合的相親對象：

(1) 射手座：他會為雙子女的生活帶來新的氣息。建立的家庭將是充實的、自由的和浪漫的。
(2) 天秤座：天秤座的男生有助於雙子女藝術才能的發揮，或者進入高層次的社會生活。
(3) 水瓶座：水瓶座男性會讓雙子女的生活內容發生質的變化。將經常出入知識界，結識學者和名人。

適合的相親裝扮：生性時髦的雙子女最適宜青春可愛的棉質裙裝，灑脫又時尚，又能強烈體現一人分飾兩角的雙子風格，給人留下深刻印象。

適合的相親地點：KTV 想必是雙子女首選，因為雙子女都是歌后，而且好處不止於此，如果雙方感覺不對，也可以靠唱歌來彌補，不至於那麼無聊嘛！

對雙子女的貼心小叮嚀：相親的時候要多意小細節，記得向你的對立星座射手座學學她們不拘小節的大方性格，不要讓周圍的人覺得妳思想太過跳躍，而顯得浮躁哦！

性格・氣質 —— 能屈能伸「雙面人」

B 型雙子座人具有開朗明快的氣質，反應靈敏，行動迅速，要安靜下來不動，比登天還難。對於突發事件的應變能力很不錯，而且，觀察力相當敏銳，不會鑽牛角尖。別人或

第二節　B型的風相星座（雙子座、天秤座、水瓶座）

許會覺得這個人整天窮忙，不知道他們葫蘆裡究竟賣的什麼藥，可是他們自己卻能樂在其中。B型雙子座人最大的優點是能屈能伸，絕不因一時受挫而懷憂喪志，雖然常因不同的事件表現不同的反應態度。

不過，B型雙子座人所堅持的原則及本質不變。在內心深處，隨時都保持著冷靜、理智，無論遇到重大的事件或行動，仍然能保持客觀的分析能力。性格可說是知性重於感性，理智勝過情感。如果深究B型雙子座人的內心，將會發現奇妙的一件事，在如此果斷的個性中，竟然也隱藏了優柔寡斷的一面。原因是可能過於客觀，在分析事情時，很少流於偏頗，肯定一事的正反兩面，也正因如此，往往難以決定取捨。

B型雙子座人能夠非常巧妙運用兩種原本是二個完全極端的事情，幫助自己達到目標，並且掌握得當。同時，處事方式十分圓滑，又不失原則，確實是無人可及的「雙面人」。如果是典型的B型雙子座人，那麼，一定是個好奇心特別重的人，探險欲望非常強烈。

只要是有興趣的事情，非得親自參與不可，而且，興趣非常廣泛，不限於學校中所學，即使是道聽塗說，也要打破沙鍋問到底。頭腦相當不錯，學得快也記得牢，是個博愛強記的人。擁有得天獨厚的口才和文采，常可以把所學融會貫通，再以不凡的口才傳達給別人，內容往往比原來事物更

加生動精采,而且,富於幽默及機智,是個很受歡迎的演說者,有人形容B型雙子座人如果當業務員,甚至能說服愛斯基摩人購買冰箱,口才之一流,可見一斑。

金錢‧財運 —— 財運亨通明節制

B型雙子座人的財運特徵是從事副業可招致財富,甚至副業所賺的錢比本業還多,這是一種很奇怪的現象。

B型雙子座人賺錢容易,花錢又快,在本質上厭惡吝嗇小氣的人,在他們看來,錢財根本是身外之物,過分重視,無疑是一種俗氣的表現。當然,對於沉迷金錢遊戲之中,他們也不屑為之。不過,幸運的是B型雙子座人天生擁有會精打細算的頭腦,雖然出手大方,但還算懂得節制,不致蝕了老本,讓安定生活的基本條件都喪失了。因此,財運雖然流動性大,但不安定的因素並不存在其中。

值得一提的是,B型雙子座人廣結善緣,賺錢的機會增多,財運也跟著旺盛起來,因此,珍惜跟朋友之間的情緣,保持良好的人際關係相當重要。B型雙子座人可以試著股票投資,運勢不差,相信能大有斬獲!

愛情‧心語 —— 拒絕膩在一起的愛情

B型雙子座人,或許由於具有雙重性格,在內心深處裡,可以同時存在著熱情與冷淡這兩種截然不同的情緒。即

第二節　B型的風相星座（雙子座、天秤座、水瓶座）

使在熱戀期也能客觀地分析這段感情，絕不盲目行動，完全以旁觀者的立場，去透視自己的愛情，是屬於理智型的情人。

或許是太理智的緣故，B型雙子座人常把戀愛當成遊戲。由於敏銳的觀察力，容易洞悉對方的心理，再加上天生的好奇心，覺得跟多位異性交往，嘗試不同的愛情滋味是件愉快的事。因此，愛情很難持久，激情過後便覺厭煩，而目光也很快轉移到其他異性身上，還真算得上是個無情的人。

B型雙子座人似乎很厭惡黏膩的愛情，如果交往的對象是個黏人的橡皮糖，一定會嚇得拔腿就跑。對於愛與不愛，決定總是極為爽快，即使失戀了也很難有刻骨銘心的傷感，因為下一個目標立刻就會來到眼前。

B型雙子座人轉變實在太快，令人難以捉摸，但一切的轉變，都是為了尋找一個理想的伴侶。獨占欲不強，更很少吃醋。認為每個人都有選擇最適合自己的情人的權利，更換情人，根本無需向對方說抱歉。自由戀愛，無牽無掛是B型雙子座人談戀愛的最高宗旨。

B型雙子座人是個相當早熟的人，年紀很輕時便有過性經驗。很多時候，B型雙子座人把性愛分得很清楚，不會因為性關係的發生而喪失了理智，在本質上可以說是性慾不強，通常都能以理智控制情感。

不過,坦白說有時把愛情看成一項「計畫」而實行,B型雙子座人很難品嘗到人世的真情,唯有真情才是愛情中最珍貴的。

婚姻・家庭 —— 晚婚得來的幸福

對於B型雙子座人來說,結婚並不是一生中必須經歷的過程,婚姻對他們而言,無疑是一種羈絆與束縛。只要有個真心的異性朋友,便已覺得甚為滿足,此生無憾了,不會在意形式上的婚姻。因此,一旦接受婚姻時,那麼,在選擇伴侶上,B型雙子座人會考慮能接受他們生活方式的對象。而且,會要求不要對兩個人的未來存有太多的期待和要求,否則便會覺得有違本性,而且感覺承受壓力很重,甚至有喘不過氣的感覺。

在年輕的時候,極力排斥過婚姻,可是,B型雙子座人極少有終其一生都保持單身的。原因在於強烈的好奇心,好奇地想知道有個家的感覺。所以往往因為一時衝動便走入結婚禮堂,而且抱著試試看,不合再分手的心態。

因此,B型雙子座人的離婚率也偏高,還是以晚婚為宜,所以建議年紀稍大之後再結婚。等到心情較為安定沉穩,對於婚姻的體會漸趨成熟,才會美滿而長久。

此外,B型雙子座人對待孩子如朋友般的貼心,而且非常喜愛結交朋友,跟朋友相處表現得十分寬容,為他人著

第二節　B型的風相星座（雙子座、天秤座、水瓶座）

想,自然地朋友也就多了起來,日子也過得熱熱鬧鬧的。家庭生活可能洋溢著一股率真而自由的氣氛,在自己擁有完全自由的大前提下,他們的另一半絕不會是那種依賴、柔弱的人。

夫妻之間的情意並不深,做丈夫的以工作為生活重心,做妻子的則極少是個純粹的家庭主婦,而是個有事業心的女性。B型雙子座的女性,在跟婆婆相處時,需特別花費心思,雖不至於處處刻意討婆婆歡心,但避免跟婆婆發生衝突,則絕對有必要。為了一家人的和諧,做某種程度的忍讓是值得的。在生活上,應格外留意,千萬不要選擇居住在交通不便、行動不自由的地方。

男女有別・B型雙子男 ── 反覆無常

B型雙子男具有B型人的隨和及雙子座的善交際,兩者的結合,使他相當容易建立人脈。能幹的他們,不只是讀書和工作在行、連運動的才能也是一等一。

B型雙子男個性好動,喜歡活躍在社交場合中享受熱鬧的氣氛。活潑敏銳的他們,會接觸不同領域的朋友,來豐富自己的生活經驗,增添生活樂趣。除此之外,他們相當風趣幽默,總能輕易地成為團體中的人氣王或是焦點人物,可說是天生的社交高手。

變化多端的 B 型雙子男，對事物的思考能力很快，大腦的思考能力非常快速，所以改變主意也比一般人快，因此在團體中，常被認為反覆無常。

男女有別・B 型雙子女 —— 愛入豪門

B 型雙子座女聰明有趣也很有吸引力，雖然不是怎麼刻意一定要嫁個有錢人，但是因為魅力很大，護花的人也多，這一群群的護花使者中，就會有條件出眾的人出現供她挑選。

其實看似大大咧咧的 B 型雙子女在關鍵問題上還是很理性的，不會做為了愛情放棄麵包之類的事情，加上她們很會做人，非常容易贏得豪門家長的喜歡，所以嫁入豪門的機率也是非常大的。

事業・成功 —— 不要任性對待自己的事業

B 型雙子座人如果能在本業之外，再從事一些副業，則不僅副業能做得不錯，甚至連本業也能跟著有聲有色起來。即使擁有多種工作，也都能以靈巧的方式應付得宜。

但是，不適合從事刻板，甚至需要一個人面對孤獨的工作。舉例來說，研究工作、手工藝、公務員、銀行員等等，這些保守而無趣的工作，絕對無法充分發揮及一展才華。而且，B 型雙子座人也不會喜歡從事這類工作。

第二節　B型的風相星座（雙子座、天秤座、水瓶座）

B型雙子座人吸收能力極強，新聞記者、廣播、公共關係及業務推銷，都是不錯的選擇。和語言有關的職業，也可以考慮，例如，廣告方案設計、編輯、律師、播音員、甚至翻譯工作都相當適合你。

不過要記住選擇更好的工作環境可以，但是，不要任性地轉換職業，這樣的話成功的機會會相對降低很多。

星座達人指點

【對B型雙子座人的忠告】

口若懸河一般，有時聽起來覺得囉嗦，或被以為只是多嘴的人，要注意。

不要錯過每一個可能帶來好運的朋友。

過於理智的愛情，有時令人感到「嚼之無味」，而把對方看穿了，也失去了愛情的神祕感，愛情需要浪漫，包容對方的缺點。

最好能選擇可接受自己生活方式的伴侶，並且，雙方都不要對婚姻有太大的期待及要求，否則，婚姻只是一種束縛。

多面的嘗試絕對有利。

2、天秤座（Libra）

9月23日～10月22日

神話由來・象徵意義 —— 均衡的天秤

天秤座是希臘神話裡女祭司手中那個掌管善惡的天秤飛到天上而變成的。大約西元前2000年，此星座和巴比倫宗教主宰生死的審判有關，天秤是用來衡量靈魂的善惡之用。天秤座象徵著一種均衡和公正的中庸點。

天秤座・解密 —— 婚姻特點、男女祕技

即使血型不同，所有天秤座的婚姻特點基本都是一樣的 —— 無性式。

天秤座有一個理由結婚，就有一萬個理由拒絕婚姻生活。或許人們會覺得天秤座很矛盾，孰不知天秤座寧願喪失合法的性，也不願意放棄浪漫的暢想。

他們不願意自己的婚姻生活落於俗套，寧願投身於柏拉圖之中，享受無性式婚姻，讓婚姻徹底在意識中純潔，理想化。對於天秤座來說，結婚，源於幻想，離婚，也絕對不要傳統式的離婚。

天秤男・星座瓜葛 —— 假意真情

天秤男 vs 白羊女 —— 假意

半溫不火的天秤座下半身其實是不太容易衝動的,並且因為吸引太多異性圍繞在身邊,天秤座很容易自戀以及沾沾自喜,可是一遇到白羊座女生便會覺得自己靈活的手腕很難派上用場。白羊座的急躁性格經常是有點強迫意味地讓天秤男下半身亢奮,於是白羊只要一出現,天秤男就願意放棄其他的機會趕緊抓牢與白羊女的激情一刻。

天秤男 vs 雙子女 —— 真情

在夫妻關係中,天秤男對人皆好的曖昧態度真的是很少有人可以接受的,要保持長久的關係,還是需要一個很懂得交際能夠理解天秤男的女人在身邊。同樣交遊廣泛的雙子女不光可以做到,並且轉得飛快的大腦可以為他們的生活帶來無限樂趣。多重的人格角色還會漸漸把天秤男的人際交往能力提高,可以讓天秤男從雙子女身上演練到跟不同的人交往的方式,簡直是個貼心又另類的賢內助。

天秤女・星座探祕 —— 增加魅力

天秤座的婚姻觀念雖然大體一致,但是性別不同還是有些差異的,誰是天秤女的誘惑星座?誰適合當天秤女的終身伴侶呢?

第二章　B型人12星座解析

　　優雅多彩的天秤女因其女人的天性，中庸的立場和難於定奪的性格，給人的印象總是和藹可親，稍稍有點嚴謹拘束。

　　即使不同血型的天秤女，對青春的魅力和優雅行為的追求卻是大致一樣的。

　　適合的相親對象：

(1) 白羊座：白羊男很容易對天秤女傾慕。只要彼此傾心相待就會幸福。

(2) 雙子座：雙子男性會對天秤女產生好感。他們妙趣橫生，海闊天空和富有超級幻想色彩的談吐會把天秤女帶入一個夢寐以求的境界。

(3) 水瓶座：水瓶座男也會對天秤女產生真摯的感情和愛的壯舉。

　　適合的相親裝扮：時尚的天秤女，在相親的時候並不需要顯得太過時尚，嫵媚的紫色系，能夠很好的體現乖乖女的模樣！

　　適合的相親地點：一場好電影，一家好的電影院是適合於天秤女相親的，因為單是這一場電影就足以看出你們是不是志趣相投了。

　　貼心小叮嚀：相親的時候別忘了要多點熱情，記得向對立星座白羊座學學她們開朗的處事風範，想必加分多多。

第二節　B型的風相星座（雙子座、天秤座、水瓶座）

性格・氣質 —— 成熟理性，不偏頗

　　事實上，此類型的人性格就像是天秤一樣，隨時都保持著公正、公平的態度。對事情的看法始終保持不偏頗、冷靜理智的成分，而且能很正確地判斷事物的好壞、善惡。有相當獨特的眼光，肯辨是非，是個適合從事協調的執法者，B型天秤座人的判決，絕對公正無私。

　　B型天秤座人具有相當程度的理性，對於自私利己的人心，以及無窮的欲望，感到十分厭惡及不屑，甚至會挺身而出，告誡世人放棄物質及名利的追逐。B型天秤座人最瞧不起受物欲支配意志的人，是個美麗心靈的擁護者，不容卑俗的事物汙染了心靈。

　　同時B型天秤座人也是個和平主義者，極少因為某事而跟人爭吵，在不得已必須跟人對立的情形下，也能採取冷靜的商談方式，尋求解決之道。B型天秤座人不易動怒，也不會表現出強硬的態度，要求別人屈服。大致來說，是個行事有彈性，情緒極平穩的人，給人成熟理性的印象，情緒失控的場面，極少出現在身上。

　　B型天秤座人的另一個特徵是樂觀，極少出現憂愁的情緒，即使生活不順利，也不會因此陰沉下來，一副愁眉苦臉的樣子，瀟灑的風采絲毫不受影響。

　　B型天秤座人對於未來具有充足的信心及美麗的憧憬，

身邊所發生的事,通常由於應變能力不錯,而得以順利解決。喜歡過著悠閒的生活,對於過分辛苦的工作,絕不會去插手,勞心勞力地去做苦差事,有違B型天秤座人對美的定義,甚至覺得得以勞力求生活、生存有傷自尊。

B型天秤座人處世相當圓滑,不輕易得罪別人,希望跟每個人都成為朋友,而不願樹立任何敵人。不過,要小心的是過分的圓滑,容易被誤認為處心積慮地討好別人,相當不值。

B型天秤座人有時因顧慮太多,過於考慮別人的看法,會出現優柔寡斷的一面。事實上,偶爾嘗試一下稍具挑戰性的事物也極富意義,可為B型天秤座人一成不變的生活帶來一點衝擊力,更具活力。

金錢‧財運 —— 人脈有多廣,財運就有多大

B型天秤座人,一生大概很少有為錢煩惱的機會,到了晚年多半能過著富裕的生活。

B型天秤座人對賺錢並沒有太大的野心,也不想累積鉅額的財富,有時甚至覺得金錢與地位會帶給人某種程度的束縛。

大方豪爽,B型天秤座人有極強的花錢欲望。但是,由於慎重的個性以及要求夠水準的生活,仍會擬定理財計畫,

第二節　B型的風相星座（雙子座、天秤座、水瓶座）

為家庭存下某種程度的積蓄。

　　三十五歲之前，B型天秤座人會利用金錢為自己尋找愜意的生活方式，三十五歲之後，會考慮到現實狀況及年老時的依靠而開始存錢，而且通常都能如願以償地達到目標。

　　B型天秤座人的財運特色是由人際關係帶來好運道，所以，人際關係的建立是不容忽視的一環。

　　由於處世圓滑、腦筋靈活，所以B型天秤座人即使利用別人謀得自己的利益，通常對別人，對自己都沒有損害，唯一有影響的是，錢包因此充實了。

　　有關娛樂方面的人際關係，會為B型天秤座人帶來好運，不妨加強自己在這方面的人脈。

愛情・心語 —— 移情別戀的煩惱

　　B型天秤座人很懂得修飾及裝扮自己，天生便具有十分卓越的社交手腕，氣質高雅，很有風流倜儻文人的氣質。這些條件相加起來，成為偶像般的人物。

　　B型天秤座人給人的印象非常良好，也因此吸引不少異性的眼光，再加上對追求異性相當積極，所以，戀愛機會很多，在戀愛的道路上並不寂寞。

　　B型天秤座人不會盲目地陷入愛的漩渦，談戀愛只是人生的點綴，應使它快快樂樂，如遊戲般愉快，而不是一旦有

情有意,便要全心全意,可說是遊戲人間的類型。

在追求對方的時候,為了獲得對方的心,B型天秤座人會十分熱情,而且,懂得運用許多求愛的手段和技巧。但是一旦對方完全屈服之後,熱情卻立即冷卻,而想重新尋找愛情的熱度,總之,經常移情別戀。

無論在為人處事或是談戀愛方面,自尊心經常被放在第一位。因此,在戀愛的過程中,即使有出人意料的狀況出現,諸如愛人移情別戀等等,也不會將嫉妒心或不滿表現出來。B型天秤座人認為喪失理智去做一些瘋狂的事,將有損身分及自尊。

B型天秤座人的愛情觀很開放,會同時跟兩位以上的異性交往,自己的戀人如果跟其他的異性朋友交往,也不會在意。不過,圓滑的B型天秤座人,會小心處理這類的事,不會讓任何一方受到傷害。

天秤座的愛情,一定必須有性的成分在內,否則更覺無趣。不過,並不是所有B型天秤座人都很重視肉體關係,而是認為有了感情,就很自然地該有肉體上的接觸,感情一旦消失,這層關係就終止了。

B型天秤座人應注意談戀愛時切勿過分冷靜,否則容易讓對方覺得是故意冷淡,而造成誤會。

第二節　B型的風相星座（雙子座、天秤座、水瓶座）

婚姻・家庭 —— 家境殷實的富足生活

通常，B型天秤座人在適婚年齡時都會步入結婚禮堂，結婚後很安定，如果不是因為對方不夠好，或彼此的性格差異太大，B型天秤座人大都會繼續維持生活的安定，很少會輕率地離婚。對婚姻對象的選擇相當嚴格，達不到自己的標準時，絕對不會輕易點頭答應，可說是寧缺勿濫原則的奉行者。

這種性格，可能跟B型天秤座人的自尊有關，總覺得婚姻不美滿，並不是一件光彩的事。

B型天秤座人多半由經由自由戀愛而結婚，這大概跟前面所說的戀愛運旺盛有關，另一個原因便是認為相親過於保守，拒絕接受。

B型天秤座人對結婚對象的第一個條件是，必須具有相當的知識水準及教養。若非如此，也不願娶一個或嫁一個外出時上不了臺面的對象。

第二個條件，B型天秤座的女性會要求對方有經濟能力且工作要有前途，而男性則要求新娘要有氣質而且美麗。

B型天秤座人結婚之後多半都有一個平穩的家庭生活。同時，經濟狀況也不錯，遇到困難都能順利解決，有時也藉助外來的幫助。

第二章　B型人12星座解析

　　B型天秤座的女性，由於本身就不喜歡有家庭的束縛，不希望阻礙個人的發展。在結婚之後會繼續發展自己的興趣，熱衷於社交活動，不喜歡做家務，會稍微忽略了家庭。不過，大概就是因為這個緣故，不必操勞家務事，所以能常保青春美麗，這點很令丈夫滿意。

　　B型天秤座人無論在家或在外面，一定會保持風度與禮貌，相當尊重孩子。相當重視生活的品質，所以可能有浪費，過於奢華的傾向。

男女有別・B型天秤男 ── 交際高手

　　B型天秤男不喜歡束縛在他人的手下，一有適當的機會就會勇敢地跳出來當老闆。要成為大富豪，人和是必不可缺的，B型天秤男天生的交際能力，為他們帶來各種有益的機會。

　　天秤座的周到謹慎，彌補了B型人的粗心，他們總是希望自己變得更完美更被主流社會所認同，也成為B型天秤男奮鬥的動力。

　　B型樂觀開朗的心態，也使B型天秤男較容易度過各種難關，好像輕輕鬆鬆就把自己的事業發展起來了。

第二節　B型的風相星座（雙子座、天秤座、水瓶座）

男女有別・B型天秤女 —— 迷人女郎

B型天秤女將天秤座的女性魅力發揮到了最大，她們對人有好感的時候，會用溫柔的眼神，靜靜的輕輕的望著對方。這種眼神的電波不是強力型的，絕不會咄咄逼人；而是令人舒適的，甜美和充滿笑意的。此時的她們顯得嫵媚又迷人，充滿了女人味和吸引力。

B型天秤女從氣質以及容貌上看都超出眾人，一般很快就能成為男人目光的焦點，並且性格中也帶有一些「性感」的氛圍，她們愛好玩樂，消費奢侈，把愛情像遊戲一般看待，從不認真，換男伴就像和換衣服一樣快。

很多被她們拋棄的男人恨得痛心疾首或憂悶得要死要活，要追到B型天秤女非常艱苦，縱然追到了，也擔憂某一天被拋棄。

事業・成功 —— 儘早擁有自己感興趣的工作

在選擇職業上，B型天秤座人最好能選擇自己有興趣的自由業，如果工作環境束縛過多或是過於刻板、保守，都會感到不耐，而結果常是因此離職。

單調乏味的工作、需要耗費過多的精力的工作、以及極富耐心的工作都不適合B型天秤座人，最好能夠避免。

第二章　B型人12星座解析

B型天秤座人應善加利用社交手腕及冷靜的判斷力,從事業務員或服務業,在這方面,前途大有可為。

不過,B型天秤座人最大的本錢,應是對美的感覺和藝術才能,運用這些特點,去從事設計師、美術監督、廣告撰文、服飾設計、髮型設計、電視節目製作等都大有發展,較易成功。

三十歲之後,B型天秤座人的職業運開始走上坡,可以一直持續到晚年。

一般說來,B型天秤座人的職業運是穩定發財型,只要提供適時的機會,都可發揮聰明才智。

星座達人指點

【對B型天秤座人的忠告】

均衡不變的生活太過平凡了,斷然地脫離出來看一看也有必要。

廣結善緣總會有時來運轉的一日。

在戀愛中自尊常是導致戀情破裂的殺手,放下自尊,也試著尊重對方,才是愛情的真諦。同時,別見異思遷,一心二用最後受苦的還是自己。

過於個人主義化,並非婚姻之福,家庭既是責任則必有牽絆。重視生活品質固然好,但別流於浪費、奢華之嫌。

第二節　B型的風相星座（雙子座、天秤座、水瓶座）

具有貪圖安逸的傾向，如果能堅持到底，全力以赴，將會有更好的發展

3、水瓶座（Aquarius）

1月20日～2月18日

神話由來・象徵意義 —— 智慧的水瓶

特洛伊的王子甘尼米德（Ganymede）是個黃金般的美少年，有一天他在牧羊時，突然被宙斯（Juze）變成的老鷹捉到奧林帕斯（Olympus），負責嫁給海克力斯的西碧公主原所擔任的斟酒工作。在古代的羅馬，當太陽的位置在這個星座的第一個月為雨季，所以定名為水瓶。

水瓶座（也稱寶瓶座）指的是重生之水和智慧的泉源之意，常被稱為「天才星座」或「未來星座」，是近神星座之一，代表神的思想。

水瓶座・解密 —— 婚姻特點、男女祕技

即使血型不同，所有水瓶座的婚姻特點基本都是一樣的 —— 走婚式。

這個定義似乎讓瓶子的形象過於放浪，但把瓶子拘泥在一個固定的框架裡，並且判處其終身監禁，的確不太人道。

第二章　B型人12星座解析

　　瓶子注定是飄泊的，在婚姻問題上，瓶子的現代化前衛思想煙消雲散，最原始的婚姻狀態反而變成瓶子的首選。當然，也有很多瓶子渴望婚姻，只可惜他們也許並不把婚姻作為一個終點站，最多是一個加油站罷了。

水瓶男・星座瓜葛 —— 假意真情

　　水瓶男 vs 獅子女 —— 假意

　　如果說12個星座裡面的10個星座女都無法融化水瓶座的冰冷，那可以做到的這一個就是獅子座了。其他的10個星座都很為水瓶座的另類與大智慧所迷戀，而獅子女卻完全不吃這一套，恰恰相反，獅子女就是「傻」也要傻到徹底，張揚的獅子女不想用任何理智的態度束縛自己的光和熱，水瓶男會因為這種無法抵抗的熱情將獅子女帶上床，卻懼怕自己的熔化而不敢將其娶回家。

　　水瓶男 vs 水瓶女 —— 真情

　　水瓶座雖然盛產不婚主義者，但是他們卻很容易產生孤獨感，水瓶很需要一個與自己的精神共同成長的革命夥伴。他希望他們之間可以絕對的平等，擁有同樣的高智商以及闖蕩世界的願望……若要滿足此類需求，只有水瓶女是也。只有水瓶女可以給予對方隨時需要的個人空間，她們可以接受對方的忽然離去，甚至可以接受結婚後兩人各居一室的生活方式。所以水瓶男假如要結婚的話，還是願意找自己的同類。

第二節　B型的風相星座（雙子座、天秤座、水瓶座）

水瓶女・星座探祕 —— 增加魅力

水瓶座的婚姻觀念雖然大體一致，但是性別不同還是有些差異的，誰是水瓶女的誘惑星座？誰適合當水瓶女的終身伴侶呢？

標新立異的水瓶女因其女人的天性，自命不凡的性格，給人的印象總是過分冷靜和理智。即使不同血型的水瓶女，對個人的魅力和裝扮行為的追求卻是大致一樣的。

適合的相親對象：

(1) 獅子座：獅子男會對水瓶女產生好感，對事業有共同的願望和共同的追求。
(2) 雙子座：雙子男的求知欲和真誠的友誼，會打動水瓶女的心弦。會在志趣相投之中和諧地生活。
(3) 天秤座：天秤男的靈感和對美的嚮往和水瓶女能夠激起愛的火花。

適合的相親裝扮：有漂流氣質的水瓶女，是常被人稱許的氣質美女，在輕巧的藍白色調洋裝上加些小搭配，會使得水瓶女看來既知性又感性，倍受青睞。

適合的相親地點：有品味的展覽館是很好的約會地點，尤其是追求精神上契合的水瓶女更能透過一場展覽看出對方和自己的想法是否合拍，以便確定是否繼續下次的約會。

貼心小叮嚀：習慣我行我素的水瓶女，在相親的時候記

第二章　B型人12星座解析

得向對立星座獅子座學學四面照應的女主人風範,會增添許多的魅力。

性格・氣質 —— 博愛,追求自由的激情

B型水瓶座人可說是一位立足一方,胸懷世界的遠見者,一點也不拘泥於現實利益,時刻注意的焦點便是全人類全世界的未來及發展。

嚴格說來,B型水瓶座人是一位非常不同於凡響的人。他們很明白,每個個體都微小的如滄海一粟,從整個世界宇宙來說,個人的一切欲望便顯得微不足道了。真正對B型水瓶座人有意義的事,大概就是如何為全體付出。因此,他們非常具有博愛精神,求知欲甚強,尤其對未知的世界,更有探索的欲望。

對於宇宙,自然或一切尚為謎團的問題,都懷有極高的研究興趣。對於所不知道的事情,也有十分執著的求知熱情。在B型水瓶座人的頭腦裡,容不下一絲曖昧不清的問題存在,對於所有的事情,都希望經由理性、科學的方式,求得解答。

B型水瓶座人創造能力極強,適合做研究理論證明的探索。窮究事理的態度及獨斷獨行的性格,常常讓人覺得好發議論,有流於頑冥不化之嫌。過於豐富的創造力及奇特的構

第二節　B型的風相星座（雙子座、天秤座、水瓶座）

想，有時因忽略現實而脫離常規，因此，會覺得自己所說的話別人好像聽不太懂，那是因為思想太過先進，令別人無從追趕之故。

在工作中，B型水瓶座人這種氣質表現的更加突出，對工作一絲不苟，必須熟練地掌握工作內容的每一個環節。旺盛的求知慾和精力促使他把目光投向整個公司的營運，自己蒐集資料和資訊分析公司經營狀況，還能做出一系列的建議和應對措施。可惜的是，他們的好意經常成為大家的笑柄。遞交的提案也被上司束之高閣，有些運氣不好的B型水瓶座人還會被上司嚴厲指責不務正業。

B型水瓶座人的另一項特徵是追求自由的氣質。厭惡任何會成為羈絆、束縛的枷鎖。地位、名聲、財富的追求皆屬於枷鎖之列，甚至於婚姻也被列入其中，排斥追求男歡女愛的激情。

B型水瓶座人不僅要求形式上的自由，在思想上也追求一個毫無限制的想像空間，不受牽制的思考方式更是他們的理想。但是，能夠支持以上論點的先決條件，就是必須具備相當獨立的人格，以及能夠受得住寂寞的人生觀。否則，人生這條路將走得既艱辛又漫長。因此，正視事實，將現實的主客觀條件都列入思考範圍內會更好。

金錢・財運 —— 擅於使用金錢為自己拓展人脈

B型水瓶座人財運並不差,但是並不重視物質生活,也不會想要賺大錢。所以,不會十分富有,不過賺錢能力很強。

在B型水瓶座人觀念中,賺錢只為追求快樂和自由,因此會毫不吝惜地花掉大筆金錢,而沒考慮到儲蓄。有浪費的傾向,對朋友很慷慨,會不惜巨資請客或邀宴,交際費是項龐大的開銷。B型水瓶座人之所以不會成為金錢的奴隸,或許是因為很明白「天生我才必有用,千金散盡還復來」的道理。

在他們的眼裡,金錢是追求理想的手段而非目的,別人可能對這樣的豪爽有些不滿,但他們並不在乎,而了解的人會讚許他們的作風十分瀟灑。

別人帶給B型水瓶座人的財運,可能比本身擁有的財運更強,因此如果能擴大人際關係,充分發揮才能,一旦為人賞識,財源便可因此滾滾而來。在拓展人際關係的同時,勿浪費過度,這是改善財運的當務之急。

愛情・心語 —— 不喜束縛,拒絕占有

B型水瓶座人擁有淡如水的愛情,不會有瘋狂的熱戀期,也不會出現決裂式的大爭吵。B型水瓶座人對求知與學習有絕對的熱忱,往往傾注全部的精力,對感情卻恰巧相

第二節　B型的風相星座（雙子座、天秤座、水瓶座）

反，態度十分淡然。在他們心中，最渴望的不是兒女私情，也不會想保護某個特定對象，而是博愛型的人道主義。

B型水瓶座人和人交往態度總是十分豪爽大方，因為珍惜每一份友情，所以朋友頗多。由於並不想占有一個特定的對象，所以，與其說由直接追求的方式找到伴侶，倒不如說是由細水長流的友誼，逐漸演變成愛情。兩人在一起，如同朋友一般地交往、談心、不拘泥在風花雪月的兒女私情上。

B型水瓶座人並不排斥由肉體關係所發展出來的愛情，但是，並不因此認為有了這層關係，便和對方彼此相屬。相反地，他們毫無獨占情人的欲望。他們對戀人採取這種態度，並期望戀人也如此對待他。如果戀人想要完全占有他，他必定會感到相當不滿，甚至因為受不了束縛而想離開對方。由於自認為不屬於任何人，交往的情人，必須和他一樣獨立自主。

B型水瓶座人是一貫的感情平淡，或許就是因為這緣故，即使和對方分手了，也不會感到悲傷。分手也是斷然決定的，絕不會依戀不捨，對感情的事，相當容易淡忘。

婚姻・家庭 —— 避免過於嬌慣自己的任性

B型水瓶座人不願被家庭所束縛，在他們的觀念中，並沒有所謂的家庭模式。丈夫不一定就必須是經濟的供給者，妻子也不一定就是養育孩子，料理家務的承擔者。通常會晚

婚,而且太早結婚只會讓自由放任慣了的他們,因受不了拘束而演出離婚的家庭悲劇。

在充分享受過單身生活之後,把想獨自完成的事情都做好之後再結婚是最適合不過了。一般說來,B型水瓶座人期盼自由的婚姻,兩人在一起,各自發展自己的目標和理想。除非必要,否則絕不彼此干涉,也唯有如此,才是他們追求的真正幸福。

B型水瓶座人選擇結婚對象時,最好能避免過於保守古板型。否則,兩人的生活步調將永遠無法協調,特別是女性,要求自由的心常會被丈夫誤解,而產生嫉妒心,甚至導致決裂,這是擇偶時必須審慎考慮的。

B型水瓶座人一旦尋覓到合適的伴侶,決定步入結婚禮堂,那麼婚姻大概就不會再有變化了,不但風平浪靜,而且能持久。

對待家人,B型水瓶座人採取朋友般的態度,互相尊重,彼此之間都有極大的自由空間。而且,當有問題產生時,不會以爭吵來解決,而是以十分民主的方式來進行溝通。因此,家庭充滿朝氣,因為B型水瓶座人樂觀開朗的性格,感染了家庭中每個成員。

B型水瓶座人對現實生活不會太在意,不會努力去追求大富大貴的生活,不過,由於頗具聰明才智,即使有變故發

第二節　B型的風相星座（雙子座、天秤座、水瓶座）

生，也不會因此陷入困境。

　　大致來說，過的是相當平穩的生活，B型水瓶座的男性，不會擺出大男人主義的作風。但是，並不希望妻子因此過分干涉他，家庭中瑣碎的小問題，他會交給太太去決定。然而B型水瓶座女性對於專心做一個全職的家庭主婦，並不感興趣。要提醒一點的是，太專注於追求自己的理想，可能會因此對家人冷漠，使家庭的氣氛冷漠，應多關心家人一點。

男女有別・B型水瓶男 —— 豪爽固執

　　B型水瓶男是個十分豪爽的人，對朋友一視同仁，能公平處理人際關係間的事務。所以常得到朋友的信賴和幫助。

　　B型水瓶男多為信心堅定的人，同時，也有執著的自我主張，不願聽取他人的意見，表現較固執。這一點使B型水瓶男容易與周圍人起摩擦、衝突，這一點務必要注意。有時亦必要聽取他人的意見並配合他人，和周圍的人際關係將可變得順和、圓融。

　　他們還比較粗心大意，工作中時常會犯一些幼稚的小錯誤，幸好都是可以彌補的。對家庭雖然很關懷，但是不肯分擔家務的行為讓妻子很是生氣。關心的只是自己的愛好，寧可叼著香菸看著妻子忙裡忙外，也不會從電腦桌前離開十分鐘。

第二章　B型人 12星座解析

男女有別・B型水瓶女 —— 有主見，崇尚自我

B型水瓶女很有主見，很早就學會自立，待人接物十分到位。

B型水瓶女贊成自由的生活，通常會外出找工作實現自己的理想，肯定自我。工作中拿得起放得下，還是個多面手，是個積極上進的優秀員工。十分聰明，性格開朗，有著寬闊的胸懷，和大家相處得非常愉快。

B型水瓶女很健忘，不記仇，被別人私下裡扯後腿也不易察覺。由於人緣好，願意幫助她的人很多，一些難關在她面前不知不覺就被克服了。雖然人際關係處理得很好，但是不善於和陌生人打交道，從事銷售的工作有些困難。有點完美主義者的傾向，希望把什麼事情都做得很完美，這種不服輸的性格是她取得成功最有力的武器。

能體諒別人，不會怨天尤人，明媚的作風感染著身邊的一些年輕人，很快就成為他們的好朋友。

事業・成功 —— 利用得天獨厚的智慧實現自我成功

B型水瓶座人最好是選擇能自由發揮才能的工作環境，過於死板或保守的工作，最好敬而遠之。當然，別人設計規劃好的工作也不要去碰，否則必定扼殺了才幹。

B型水瓶座人最好從事自由業，自組公司的前途也不

第二節　B型的風相星座（雙子座、天秤座、水瓶座）

錯。總之，一定要選擇能夠利用策劃、構思及獨創的才能發展事業，必能有一番作為。

例如，技術開發、策劃製作、藝術文化、都是活躍的領域。此外，較適合的職業如科技的研究、廣告、大眾傳播、出版業的策劃與製作等。而評論家、廣告撰文、設計師、美術、音樂等也都很有可為。

事務工作或手工藝並不適合，這些需要長時間專心投入的工作，會剝奪B型水瓶座人的創造力。遇到失敗時，通常都是很快便灰心，或是乾脆放棄。有時候再堅持一下，可能就因此突破瓶頸而獲得成功。

星座達人指點

【對B型水瓶座人的忠告】

脫離現實的想法，只是缺乏說服力的胡思亂想而已，必須再正視現實一點。

培養獨立的人格，享受孤寂的境界。同時，在現實與理想間應取得平衡。過度追求理想，往往也忽略現實中有意義的事情。

浪費金錢空有好財運，而無太多財富，多加強理財觀念。

要求別人的同時，應先要求自己，先有付出，才有收穫，愛情需要奉獻，而不是一味等待對方的付出。

第二章　B型人12星座解析

　　家庭需要經營,在工作與家庭之間如果無法兼顧的話,不如放棄工作,畢竟,家庭才是此類型女性的重心。

　　盡量發揮創造力,展現才能,自創事業是個不錯的選擇。

第三節
B 型的水相星座
(巨蟹座、天蠍座、雙魚座)

1、巨蟹座 (Cancer)

6月22日～7月22日

神話由來 ‧ 象徵意義 —— 外剛內柔的巨蟹

巨蟹座最早出自於巴比倫的傳說。在埃及，這星座的象徵為兩隻烏龜，有時被稱為「水的星座」；有時又被稱為 Allul（阿璐兒，一種不明的水中生物）。可見這星座和水關係之密切，但詳盡的傳說卻已散佚。

巨蟹座象徵著善於滋養別人及保衛別人或自己。它有著很堅強的軀殼，但是它的內在都是纖細、敏感而且柔弱的。

巨蟹座 ‧ 解密 —— 婚姻特點、男女祕技

即使血型不同，所有巨蟹座的婚姻特點基本都是一樣的 —— 傳統式。

第二章　B型人 12 星座解析

無論時代變化得如何迅速，巨蟹座還是渴望傳統的婚姻，一個愛或者有點愛自己的伴侶。一個溫暖或者有點沉悶的家庭，巨蟹座永遠需要一個空間是屬於自己的，即使只是在法律上。

巨蟹男在婚姻中並不追求完美，他們可以犧牲自己的感受，可以犧牲浪漫的氣氛，卻不會犧牲婚姻。或許一些豪放派覺得巨蟹座對婚姻的態度過於勉強，但巨蟹座卻在圍城裡矢志不渝。

巨蟹男‧星座瓜葛 —— 假意真情

巨蟹男 vs 天秤女 —— 假意

巨蟹男其實對你儂我儂的甜蜜戀情是很嚮往的，但是又很小心翼翼，雖然心裡很想聽到情人對自己的甜言蜜語，但是自己不去表達，所以常常也得不到期望的回應。但是天秤女生來就很會討人歡心，她們與人交往時很會從對方角度去思考，總是會用很巧妙的方式瓦解巨蟹心裡的小疙瘩，給予他們想要的回應，巨蟹男便會迅速燃起不為人知的激情。

巨蟹男 vs 金牛女 —— 真情

巨蟹男很敏感，在外打拚時很容易因為一些小事而思前想後，產生不必要的擔心。那麼家裡就很需要一個金牛座這樣的女生來幫助穩定巨蟹男的情緒。金牛女思考問題很穩重並且有條理，她們會幫助巨蟹男過濾掉不必要的困惑，抓到

第三節　B型的水相星座（巨蟹座、天蠍座、雙魚座）

問題重點，一步一步把問題分析解決。巨蟹男因此感到十分踏實。並且金牛座重視家居生活，金牛女又很會做一手好吃的拿手菜，另巨蟹男傾心不已，因此願意將金牛女娶回家。

巨蟹女・星座探祕 —— 增加魅力

　　巨蟹座的婚姻觀念雖然大體一致，但是性別不同還是有些差異的，誰是巨蟹女的誘惑星座？誰適合當巨蟹女的終身伴侶呢？

　　保守謹慎的巨蟹女因其女人的天性，防禦意識強的性格，給人的印象總是溫文爾雅的，看起來更像是賢妻良母的典型星座。

　　即使不同血型的巨蟹女，天生的愛美和裝扮行為的追求卻是大致一樣的。

　　適合的相親對象：

(1) 魔羯座：魔羯男會理解巨蟹女的願望，帶給她所需要的安慰和愛。
(2) 雙魚座：雙魚座的男生和巨蟹女一定是情投意合的搭配。
(3) 天蠍座：天蠍座男性的狂熱愛慕，也讓巨蟹女很沉醉。

　　適合的相親裝扮：溫柔多情的巨蟹座穿著吊帶裙就很適宜，也很能改變臃腫的外在感覺，顯得輕盈浪漫，造型100分！

　　適合的相親地點：有特色的小餐廳就很適宜巨蟹們溫和

的母性化風格，溫暖而且柔和，會使對方好感倍增。最好再聊聊烹飪，想必對方會被這賢妻良母的形象所迷倒！

貼心小叮嚀：相親的時候要多留意對方感受，記得向對立星座魔羯座學學她們務實的處事風範，那必然是魅力女人百分百了

性格・氣質 —— 樸實主義者

B型巨蟹座人是個質樸的人，不喜歡天花亂墜，也不喜歡擺架子，跟人交往，往往是快人快語，毫不扭捏做作。對待周圍的事都十分關心，具有同情心，不忍心看到別人遭受不幸。B型巨蟹座人可說是相當具有個性的人，對於家人跟所愛的人有一股想好好保護對方的熱情。

但是，B型巨蟹座人在表現對別人的關心時，不見得會表露在臉上，是個嘴硬心軟、口是心非的人，一般來說B型巨蟹座人堪稱是大家所敬愛的典型樸實主義者。

跟人相處時，經常會要求彼此推心置腹，而且親密得像一家人一樣。B型巨蟹座人覺得自己時刻需要友誼的滋潤，否則便覺得孤單難受。

不過，B型巨蟹座人還是要試著品嘗寂寞。因為，別人有時會受不了這種要求契合如一的親密關係。畢竟，再親密的朋友也需要有一點自由空間。B型巨蟹座人兼具了熱情和

第三節　B型的水相星座（巨蟹座、天蠍座、雙魚座）

冷淡兩種截然不同的情緒，一方面看似有情，一方面又冷淡得很，有時使人難以理解。

在幫助別人時，通常很關心對方的健康狀況，再加上對環境的適應性比較強，確實是一位充滿愛心的人。由於感情極為豐富，因此在考慮事情時難免缺乏理性的一面，做起事來也就欠缺秩序，不夠俐落。對於兩種不同的意見，會試著去了解，分析，但到最後總是分不清情況，迷迷糊糊。

但是，對於生存的現實環境，B型巨蟹座的人又相當重視，無論在任何狀況之下都有堅強的生存意志不會屈服於環境，被現實所壓倒。

如果是B血型巨蟹座的女性，那麼，妳要時刻提醒自己，改正不讓別人親近的自我保護心態。因為，心胸過於狹窄，會有損妳的女性魅力及迷人的風采。

金錢・財運 —— 不要刻意壓制自己消費的欲望

B型巨蟹座人由於要求生活的安定，所以，時刻會為家庭生計做打算。儲蓄是習慣，不太會亂花錢，經濟觀念理性。因此，大致上來說，財富會和年齡成正比，愈上年紀，因為有儲蓄的習慣，財富的累積也愈多。晚年的生活有不少人過得富裕而安定，不用為錢發愁。

但是，或許是因為太節省了，導致其反作用。B型巨蟹

座人平日捨不得花大錢買好貨,貪圖便宜買了一大堆用不著或根本沒有價值的東西回家,形同浪費,這種行為實在是得不償失。

另一個因太節省的反面影響則是,平常捨不得的消遣娛樂,因壓抑過久,B型巨蟹座人會因一時的衝動把好不容易節省下來的錢一股腦全花光。如果個性中有此傾向,財富的累積可能到了一定的程度便不再增加。

B型巨蟹座人的財運中,沒有投機、冒風險的好運,所以沒有一夕致富,成為大富翁的可能,生財之道還是選擇風險小的方式較為穩當。

愛情 ‧ 心語 —— 美好愛情需主動

如果是B型巨蟹座的男性,那麼所欣賞的對象,八九不離十是賢妻良母型的傳統女性,他們渴望愛的溫暖,而談戀愛的方式也與其他星座大異其趣。

別人喜歡的約會方式,大都是找個清幽的地方談心,但是,B型巨蟹座人卻喜歡帶著情人四處拜訪親朋好友,希望得到親友的肯定祝福。或者,邀請對方到家裡與家人共享天倫之樂,彼此認同對方的家人,成為家中的一份子。

B型巨蟹座人,跟情人上餐廳時,點的都是家常菜,最希望從她那裡得到的禮物便是她親手編織的毛衣或圍巾。

第三節　B型的水相星座（巨蟹座、天蠍座、雙魚座）

　　如果是B型巨蟹座的女性，基本上，心態跟同血型、同星座的男性相同。到情人家中作客，必定很自然地挽袖下廚做羹湯。

　　大致來說，B型巨蟹座人，談戀愛從不耍心眼，也不是抱著遊戲態度，之所以談戀愛，其動機無非是基於結婚的考慮。

　　因此，在選擇對象時，一定會睜亮眼睛，找到一個家庭觀念一樣的對象為止。或許是由於個性的緣故，B型巨蟹座人談起戀愛總是居於被動的地位，因為性格小心謹慎，所以別人也無法輕易得到他的感情。

　　有為數不少的B型巨蟹座人，會喜歡上歷經滄桑的人。或許是追求安定的性格，總覺得歷盡滄桑，感情經驗豐富的人，一定更加懂得珍惜得之不易的感情。

　　通常，B型巨蟹座人都有單戀的傾向，心中雖有百般情意，但卻不敢表達出來。總是以為對方應已明瞭自己的情意，結果，盼過朝朝暮暮，終究是幻夢一場，夢想中的愛情像泡影般消逝而去，甚至，坐看夢中情人成為別人的丈夫或妻子。

　　其實，並非B型巨蟹座人的條件不佳，夢中情人只是被他們的沉默所困擾，本是一段美好的姻緣，可能因此錯失了，令人扼腕嘆息。

在性的方面,不會接受沒有愛情的性行為,唯有自己深愛的人才值得獻身,如果彼此相愛,對性的看法又變得大膽而熱情。

婚姻‧家庭 —— 熱愛家庭生活的好伴侶

B型巨蟹座人多半在適婚年齡時便各有嫁娶,走入婚姻,極少人上了年紀仍然是孤獨一身。如果過了適婚年齡沒有適當的對象,通常都會接受相親的安排,存有「男大當婚,女大當嫁」的傳統觀念,不願「王老五,大齡剩女」的封號加在自己的身上。值得一提的是,如果結婚的對象遭到家人反對,就不會堅持自己的決定,因為不願自己的婚姻有任何陰影存在。

婚姻將對他們的人生形成重大的影響,一向不穩定的日子會因有了家庭而變得安全。再加上對家庭的重視,結婚之後,會比單身時更努力工作,更認真地生活,個性也變得更加沉穩。

B型巨蟹座人擁有一個很大的優點,那就是對所愛的人非常寬容,即使在日常生活中,夫妻兩人意見分歧而發生爭執時,最後讓步的一定是B型巨蟹座人。他們認為家就應該溫馨和平,不能因一時的情緒而擾亂了安寧,毀壞了和諧,所關心的不外乎是如何讓生活更美滿更豐盈罷了。

嫁給B型巨蟹座的男性,是件十分幸福的事,因為他在

第三節　B型的水相星座（巨蟹座、天蠍座、雙魚座）

任何值得紀念的日子裡，一定不會忘記表達他的情意。他是「爸爸回家吃晚飯」的忠實擁護者，雖然他有些好玩，但總是在一定的限度內。當然，夜不歸宿是少之又少。若是不得已出差無法回家也必定每日通一次電話問候家人，身上也永遠少不了一張家庭生活照，逢人便訴說家庭種種溫馨，是個典型的好丈夫，好爸爸。

如果娶到B型巨蟹座的女性，也一樣幸福。她非常顧家，婚後多半會辭去工作，專心在家相夫教子，家中一定是時時井然有序，做家務事更是極棒。

跟鄰人處得很好、很親切，不是主動幫助他人，就是排解鄰人夫妻間的爭吵，在丈夫的心目中，是一個一切以和為貴的好妻子。

B型巨蟹座人到了中年之後，會有想嘗試外遇的衝動，但由於家庭觀念很強，很少會付諸行動冒險一試的。

值得注意的是，B型巨蟹座的女性很喜愛孩子，但要小心別過分溺愛了。

男女有別・B型巨蟹男 ── 友情第一

B型巨蟹男是個對友情要求很高的人，但是，除非是相處已久的熟知朋友，否則不會輕易對陌生人敞開心胸，接納新的友誼。

有時缺乏足夠的理性,但卻是一個非常稱職的男友或者丈夫,愛家顧家。不過,B型巨蟹男的豔遇指數還是不低的,35歲以後,隨著經濟和地位的提升,有時會對年輕女孩滋生愛意,有的則會金屋藏嬌。

男女有別・B型巨蟹女 —— 第六感強烈

超群的直覺和敏銳是B型巨蟹女的主要性格特徵。這一類型人多半喜歡生活在旖旎的幻想中,頗有些放幻夢於海浪,寄情思於藍天的意境。

她們非常熱愛自己精心搭建的甜蜜愛巢,為了維護這個小窩,她們的觸角很敏感,一切有害的行為都會難逃法眼。

B型巨蟹女不大適應旋爾即逝的生活節奏,而偏愛安謐的環境以及一切能喚起她想像和感受的氣氛。這是一個把人生當作唯一的人,不願直接面對生活中的矛盾和衝突,在內心裡和現實中她都盡力把自己與這些紛繁之事隔絕開來。

事業・成功 —— 務實的工作會帶來意外驚喜

B型巨蟹座人的創造力和策劃能力稍嫌不足,所以,如果要選擇職業,最好不要自己開公司當老闆,比較適合從事公司裡實務方面的工作,例如,總務、人事,經理等都很適合。

第三節　B型的水相星座（巨蟹座、天蠍座、雙魚座）

　　選擇職業時，B型巨蟹座人不妨嘗試跟大眾有直接關係和接觸的工作，表現會特別突出。舉例來說，經營商店時，商店的性質最好是兼顧各種年齡層的顧客。例如，食品業、服飾店、超級市場等等，最忌諱的是開個高級商店，專賣昂貴稀少的珍品。

　　就運勢來看，從事有關衣、食、住、行的行業，可帶來一筆財富。例如，室內設計師、服飾店、食品公司等均可。

　　如果是B型巨蟹座的女性，可以選擇美容美髮業，開一間美容護膚中心或美妝店，都是不錯的生財之道。另一個選擇是以孩子為對象，例如，幼兒園老師、童裝設計師、玩具設計師等。如果外語能力不錯，兒童外語也是個極佳的選擇。

星座達人指點

【對B型巨蟹座人的忠告】

　　要改變不讓外人接近的傾向。如果心胸狹窄，難得的女性魅力也會減半。

　　平易近人將使你的人脈更寬廣，擁有更多的朋友。感情用事最後吃虧的是自己，在現實環境之下，理性是最佳的防衛武器。

　　投機事業切莫嘗試，以免蝕了老本。

不要只當河堤上的傻瓜,既然有把傘,就找一個共同掌傘的人吧。

中年之後的外遇是婚姻的一大破壞力,輕易嘗試,必自食其果

別自組公司,除非你先培養創造力策劃力,增加自己的實力。

2、天蠍座（Scorpio）

10月23日～11月21日

神話由來・象徵意義 —— 神祕的天蠍世界

天后茱諾命天蠍從陰暗的地底爬出來,攻擊俄里翁（Orion,戴安娜所鍾情的獵人,後化為獵戶星座）。另外一次,天蠍施放毒氣攻擊正駕著太陽神馬車經過的菲頓,而使邱比特有機會發射雷電,將奔跑中的太陽車擊毀。

在許多西方占星家的眼中,天蠍座的符號其實是「蛇」,因為蛇在上古時代即被視為「智慧」和「罪惡」的象徵,眾所皆知的是,人類的始祖亞當、夏娃會被驅逐出伊甸園的主要罪魁禍首就是受不了蛇的引誘,才會吃下禁果鑄成大錯。這個星座的人永遠像被層神祕面紗所遮掩住,不但使別人無法看透,而且還可以散發出不可抗拒的魅力。

第三節　B 型的水相星座（巨蟹座、天蠍座、雙魚座）

天蠍座・解密 —— 婚姻特點、男女祕技

即使血型不同，所有天蠍座的婚姻特點基本都是一樣的 —— 同性式。

蠍子座的內心總是莫名的自卑，渴望被最親密的方式呵護，卻找不到訴說的途徑，只好讓異性抓耳撓腮。然而反反覆覆仍舊不得要領，蠍子還在渴望，神祕的外衣卻無情的遮住了脆弱的本性，也許異性永遠無法了解蠍子的世界。

天蠍男・星座瓜葛 —— 假意真情

天蠍男 vs 獅子女 —— 假意

獅子與天蠍從來就是糾結不清的冤家情人。獅子女的霸道與自負對天蠍男來說極有挑戰色彩，而獅子女的陽光與灑脫又讓天蠍男有時感到自卑與不安，這種種複雜的情緒分分鐘都牽扯著天蠍男身體深處那根敏感的神經。天蠍男總想要將獅子女緊緊抓牢，可是獅子女卻對這咄咄逼人的手段感到厭煩與不屑，儘管兩個強者無法走進婚姻之門，天蠍男也會積蓄起所有的能量為了致勝的一擊……

天蠍男 vs 雙魚女 —— 真情

相當好色的天蠍男對婚姻中另一半的要求非常霸道，是屬於「只許州官放火，不許百姓點燈」的那種人。他的伴侶一定要接納這種霸道的需求才可以穩定地生活下去。雙魚女的

奉獻精神真的可以做到能夠接受天蠍男在外面的拈花惹草，甚至有可能為了老公的健康而偷放保險套或避孕藥在天蠍男的包包呢！所以天蠍男很願意有這樣一個女人放在家裡讓自己安心。

天蠍女・星座探祕 —— 增加魅力

天蠍座的婚姻特點大體一致，但是性別不同還是有些差異的，誰是天蠍女的誘惑星座？誰適合做天蠍女的終身伴侶呢？

不善交際的天蠍女因其女人的天性，勇敢而堅忍的性格，給人的印象總是溫柔甜蜜的，但是受到傷害後的反擊也是猛烈的。

即使不同血型的天蠍女，天生的愛美和對裝扮行為的追求也是可以互相借鑑的。

適合的相親對象：

(1) 金牛座：真沒想到竟然是金牛座拔得頭籌吧？天蠍女和金牛男共同的生活會領略愛的真諦和奧妙。

(2) 雙魚座：和雙魚座男生非常情投意合，而且生活中也會富有情趣。

(3) 巨蟹座：和巨蟹男則顯得非常互補，更可以隨心所欲地行使家庭主婦的權力。

第三節　B型的水相星座（巨蟹座、天蠍座、雙魚座）

適合的相親裝扮：向來以性感神祕著稱的天蠍女，黑色露肩的（略微性感一點點，只是一點點哦！）晚裝能顯得天蠍女更加迷人！

適合的相親地點：最近流行的音樂酒吧是頗適合的地點，能迅速使二人升溫，就算不同調的話，也沒關係，在音樂酒吧裡，天蠍女總能很快的放鬆自如，度過愉快的一晚。

貼心小叮嚀：相親的時候也要體現淑女的一面，記得向你的對立星座金牛座學學她們溫婉的處事風格，會使天蠍女看來更親切。

性格・氣質 —— 外柔內剛

B型天蠍座人，多半是屬於貫徹始終型，志向遠大，通常B型天蠍座人對已定的目標，都能專心一意地努力，鍥而不捨，很少有心猿意馬的情形出現，不達目標絕不終止。B型天蠍座人是個相當執著的人，而且耐心、毅力不差，即使失敗了，也毫不氣餒，很快便能重新站起來繼續努力，這點相當令人敬佩。求知欲極強，而且思想深刻，對於神祕的世界、死亡的真義，人的心靈、社會的最深層結構，B型天蠍座人都十分有興趣一窺究竟。

換句話說，B型天蠍座人的性格對於愈難理解的事情，愈有好奇心去探究。更特別的一點是，對於人體的奧祕，

第二章　B型人12星座解析

情有獨鍾，因此，B型天蠍座人朝醫學之路發展的很多。此外，B型天蠍座人對於解開宇宙之迷也甚感興趣，會投入許多心力去研究。需要相當高的集中力以及持久的耐力，才能有所成就，所以，我們可以說，耐心、毅力及意志力，是B型天蠍座人的性格特徵。

思想深刻的B型天蠍座人是神祕主義的典型，具有相當犀利的洞察力，無論別人如何偽裝，都無法瞞住他們的眼睛。不過不會因此而揭發別人心中黑暗的一面，相反地，B型天蠍座人常冷眼旁觀這個世界，雖然沉默但反應敏銳。

B型天蠍座人能清楚地看穿別人的心思，自己卻經常封閉內心深處最隱蔽的地方。厭惡被別人看穿心思，即使是至親好友，也不會任意打開心扉，讓別人進入內心世界。

雖然，B型天蠍座人的性格如此特別，但看起來並不陰沉。在眾人面前談笑自如，但一個人卻十分欣喜能享受那一份獨處的寧靜。由外表來看，B型天蠍座人是個相當隨和的人，但事實上內心世界非常複雜，外表雖不剛硬，但內心卻潛伏著一股強勁的爆發力，是個深沉不露的人。

金錢・財運 ── 點滴累積，注意儲蓄

事實上，B型天蠍座人很難守住錢財，尤其是年輕時。賺錢能力並不是十分強，甚至會陷入經濟拮据的困境。

第三節　B型的水相星座（巨蟹座、天蠍座、雙魚座）

　　B型天蠍座人很懂儲蓄致富之道，但由於熱衷於愛情，因此把金錢全部交給男朋友或女朋友，而很遺憾的是，男友或女友往往會把他們的積蓄全部花光，十分不幸。B型天蠍座人投資的運勢很差，所以最好能夠避免。但是，不能因此說缺乏經濟概念，只要不為戀愛花冤枉錢，那麼，擅長儲蓄的B型天蠍座人還是能將小錢積少成多地累積成一筆財富。

　　B型天蠍座人大約在三十歲之後，財運會好轉，如果能把握這個時機，努力存錢或是做安全性較高的生意，都有助你開闢財源。總之，B型天蠍座人，少有一夕致富的情形，所以，唯有一點一滴地儲蓄，才有可能致富。同時，有不少B型天蠍座人因得貴人相助而獲得財富，既然別人有助於你，也別太吝於回報。

愛情・心語 —— 痴情種子

　　或許是深藏不露的性格所致，B型天蠍座人經常表現一種吸引異性的神祕氣質而不自覺。而更巧妙的是，這種吸引別人但自己卻並不知道的自然態度，又更加深了不少魅力。

　　B型天蠍座人是個相當有原則的人，即使無限的魅力吸引了異性，而對方又因此執著地愛上自己，如果對對方並沒有愛意，就絕不會動情。談戀愛時絕不會仗著自己的魅力，而隨意玩弄別人感情，可說是個正人君子。

第二章　B型人12星座解析

　　B型天蠍座人一旦找到了心目中的對象，就會對對方投入深深關切，很嚴肅地看待這份感情，絕不輕視。而戀情的開始，通常是埋藏心中的愛苗逐漸滋長，在此期間，只給對方熱情的眼神，默默的關注，一旦時機成熟了便會發揮鍥而不捨的精神去追求。當表明情意之後，便是甜蜜很久的戀情了，B型天蠍座人是個很令人欣賞的情人，在感情上頗為用心。

　　B型天蠍座人一旦開始談戀愛，會覺得天地間唯有對方活在心中，眼裡僅有他一人。無時無刻不思念著對方，恨不得能每天形影不離。如果兩人分別過久，便焦躁不已，無法安心地做好一切事情。

　　也正因如此，B型天蠍座人給人占有欲極強的印象，覺得兩人既然彼此相屬，便不應有任何秘密。如果遭到對方背叛，必定在心中造成很深的傷害，而且心中燃燒著妒火。失戀之後的B型天蠍座人，並不因此想獨自慢慢療傷，等待時間來治癒傷痕，反而因深愛著對方，而陷入悲痛萬分，無法自拔的苦境，的確是個痴情種。在此提醒你，適度地給對方自由的空間，醋勁別太大了。

　　對於性的態度，B型天蠍座人可說是非常慎重，除非兩人已濃情蜜意，且愛情堅定，否則不會輕易獻身，沒有愛情的純性交易，更不可能發生在B型天蠍座人身上。

第三節　B型的水相星座（巨蟹座、天蠍座、雙魚座）

在性方面，B型天蠍座人抱持著跟愛情相同的態度，想要完全瘋狂地占有對方。不會藉由技巧或是大膽的行為，而是因旺盛的精力及濃濃的愛意，使兩人的精神與肉體合而為一。

婚姻・家庭 —— 避免衝動的婚姻

B型天蠍座人之所以步入結婚禮堂，是因為想獲得愛情最甜蜜的果實，絕對摒棄現實利害的因素。或許是過於缺乏現實的考慮，有許多例子顯示，B型天蠍座人都是婚後才發現自己的愛情是盲目的。

毫無準備的婚姻，失敗離婚率最高。為了家會堅持自己的主張，即使對象得不到親友的肯定，也不會有所動搖，反而心意更為堅定。因此，是個只重愛情，不顧麵包的愛情至上論者。只要有愛情便覺得心滿意足，再差的結婚條件，都不會放在心上。

此類型的人，年輕時的一股熱情，被婚後現實生活澆熄之後，往往才發現兩人個性根本不合，再纏綿悱側的愛情都成為過往雲煙，只留下滿腹怨恨及懊悔，頗令人遺憾！

B型天蠍座人性格上比較容易產生激情，如果能多嘗試幾次戀愛經驗再做選擇，必能找到更合適的結婚對象。隨著年齡的增長，累積了一些經歷之後，有助於改正自己的戀愛

觀念，如此一來婚姻生活會波動較少而幸福美滿。

B型天蠍座人對家庭很依戀，一心只想使家庭更溫暖、更幸福，而且，似乎有把家跟外界隔離的傾向。不喜歡家庭生活受到別人的干擾，希望家中每一個成員都能緊密地結合，對家有向心力，因此，多少給人自私的印象。

不過，B型天蠍座人雖然愛家，但奇怪的是，在外面時總是表現得隨和又親切，讓別人覺得開朗而且風趣。在家中卻不苟言笑，十分沉默，如果遇到不稱心的事，還可能有一連好幾天都一言不發的情形出現，這是令人難以理解的一面。或許是慎重的個性所致，B型天蠍座人並不因此輕率地發脾氣，即使心情再惡劣，還是會為家庭盡心盡力，負起重任。

B型天蠍座人是個顧家、責任感強的好丈夫，女性則是順從丈夫的好妻子。對孩子的管教方式，最好不要太強迫他照著自己的意思辦。

男女有別・B型天蠍男 —— 神祕莫測

B型天蠍男對目標專注又熱情過度，這種衝勁會形成忍耐力及集中力，徹底的完成所追求的目標，就算跌倒了也能迅速地恢復原狀，不忘初衷地前進。

B型天蠍男，自己本身就是個很神祕的人，所以討厭被別人窺視，有一種自閉傾向，對親人及朋友也不會百分之百

第三節　B型的水相星座（巨蟹座、天蠍座、雙魚座）

敞開心門。

B型天蠍男表面上也有社交性，快活地行動，但不是由衷的快活，那社交性總覺得是做作虛偽的。雖然周到地談話、打趣開玩笑，本質也是平靜而喜好孤獨一人。

B型天蠍男外觀看來沒有那麼強硬的印象，但其內心的個性複雜，藏有鋼鐵般的強韌。有很強的精神力量和持久力，一旦有事，就發揮出來，如爆發般的壓倒其他。平時比較溫和，但是防備比攻擊力強，如果當成敵人，是個可怕的對手。

男女有別・B型天蠍女 —— 冷豔高傲

B型天蠍女自尊心都很強，她們忍受不了別人對她的輕視。B型天蠍女並非都很傲慢，只是她們不習慣主動跟別人套交情，不愛說話，外表冰冷高傲，讓人無法接近。這是因為還沒有真正走進她們的內心世界。

B型天蠍女不會隨便愛上一個男人，只是想讓自己顯得更獨立更堅強。她們不會允許別人的不信任和挑戰，不喜歡虧欠別人什麼。她能真心地對待自己的戀人，別擔心，那一定是忠貞的。

B型天蠍女都很喜歡掌控身邊的一切，都很堅強，很重感情，只要被她們真心肯定的朋友，她們都會真心對待，絕不會三心二意。

第二章　B型人12星座解析

事業・成功 —— 難得擁有一技之長

B型天蠍座人與其做個薪水階級的上班族，倒不如學習一項專門技術，擁有一技之長，然後從事專門職業。如此一來對有事業心的B型天蠍座人來說，成功的機會將大為增加。最好能得到貴人相助，才能逢凶化吉。

所以，最好能找個安穩的環境，專心發展所長，自己創業則不太可行，可能會有重重阻礙。

B型天蠍座人適合的職業有科學研究、技術開發、醫生、檢察官、或刑事人員等。最好能從事可獨立作業的職務，因為不適合跟人共同合作，從事研究工作，可能比起伏激烈的商業來得可靠。

B型天蠍座人之所以適合這些職業的原因，在於對事情往往有獨特的見解以及深刻的思考，調查能力頗強。不僅精神上有毅力，就連身體也有超人的耐力。所以，從事體能訓練也不錯。應多抓住機會推銷自己，助自己邁向成功之路。

星座達人指點

【對B型天蠍座人的忠告】

排除他人的閉鎖性容易產生黑暗的氣氛，與朋友明朗的交往比較好。

別過於封閉自己，不妨打開心扉，接納更多的朋友。

第三節　B 型的水相星座（巨蟹座、天蠍座、雙魚座）

接受過別人的恩惠，應找機會回報給需要幫助的人，畢竟，施比受更有福。

嫉妒是把雙刃劍，傷人又傷己。在兩情相悅的熱戀期，更應注意勿因吃醋而惹上愛情糾紛，記得留給對方寬廣的空間。

婚姻是神聖的，切莫因一時的激情而草率結婚，以免熱情被現實生活沖淡，對婚姻失望，造成婚姻的陰影。

家有萬貫之財，不如一技在身，你應朝專門職業上發展。

3、雙魚座（Pisces）

2月19日～3月20日

神話由來・象徵意義 —— 謎一樣複雜的雙魚

維納斯和邱比特有一次被巨人泰風（Typhon）所追逐，雙雙跳入幼發拉底河中，化身為魚逃走。蜜妮華（Mineave，雅典娜的別名）將魚化為星辰置於天上，以紀念這件事。另有一說是其為捆綁人魚仙女阿蜜妮坦（Aminitum）和希瑪（Simmah）的絲帶。

象徵著被絲帶相連繫的西魚和北魚。由於它是十二星座的最後一個星座，即包含了十二個星座進化的總合，是古老輪迴的結束，所以有著昇華透澈的靈，卻留有世俗無法割捨

第二章　B型人12星座解析

的欲；而這種靈與欲牽扯不清的矛盾，使得兩條魚變得像謎一樣的複雜。

雙魚座・解密 —— 婚姻特點、男女祕技

即使血型不同，所有雙魚座的婚姻特點基本都是一樣的 —— 差異式。

魚魚不喜歡門當戶對，這種和諧太平靜，太順理成章，完全破壞了魚魚對婚姻的想像，讓他們在穩定的氛圍裡長吁短嘆。魚魚還是喜歡充滿差異，糾纏，矛盾的婚姻，這樣的記憶也許才會讓他們刻骨銘心，感受到婚姻的價值。

因此差異式婚姻非常適合魚魚，因為魚魚絕對相信，可以撫平差異的工具只有愛情，只要婚姻繼續，愛情就在。

雙魚男・星座瓜葛 —— 假意真情

雙魚男 vs 射手女 —— 假意

雙魚因為天生浸泡在海王星的世界中，他們天生具有非常人所及的包容力，當然也需要適時釋放這部分能量才能找到很「雙魚」的感覺。於是很多時候需要他人對雙魚產生傷害後，雙魚才能得到這種無私奉獻的滿足感。雖然雙魚會和很多人產生曖昧，但射手女是很有氣概的，是不管不顧玩完就走人的那種。外人看來射手女很「沒人性」的行徑卻使雙魚男得到莫大滿足，沒辦法，誰讓雙魚是被虐狂呢！

第三節　B型的水相星座（巨蟹座、天蠍座、雙魚座）

雙魚男 vs 天蠍女 ── 真情

很容易濫情的雙魚需要身邊有個強勢的女人時刻鞭策著，才能看住他們不要三心二意，使精力集中在事業上，悉心地經營家庭。天蠍女極致的性感與強烈的性慾會使雙魚男只要應付她一個便沒有精力再去應付其他女人，即便不留神招惹了路邊的花草，也只能看看而已……柔弱的雙魚男的確需要天蠍女來幫其支撐起婚姻大旗。

雙魚女‧星座探祕 ── 增加魅力

雙魚座的婚姻特點大體一致，但是性別不同還是有些差異的，誰是雙魚女的誘惑星座？誰適合當雙魚女的終身伴侶呢？

幻想奇特的雙魚女因其女人的天性，善解人意的性格，給人的印象總是浪漫多情的，其實只是源於她們非常善良的包容心而已。

即使不同血型的雙魚女，嚮往詩意的人生和對魅力的追求是較為獨特的。

適合的相親對象

(1) 處女座：處女男真誠而審慎，能夠理解、支持、尊重雙魚女。
(2) 巨蟹座：巨蟹男在性格上與其有許多共同之處，彼此心照不宣、自然、和諧。

(3) 天蠍座：天蠍男性對其會產生好感，並會用富有激情的愛打動她的心，而雙魚女也喜歡他的男性氣質和力量。

適合的相親裝扮：一身蕾絲花邊的粉色公主裙，能令雙魚越發像童話人物，惹人愛憐，不妨多做此類打扮。波浪長髮更增加甜美浪漫的氣息，是人見人愛的小美人。

適合的相親地點：浪漫的咖啡館想必是魚魚喜歡的去處，不過缺點是容易冷場，如果碰到不合適的對象，就會略顯尷尬，不過沒關係，魚魚們最擅長發揮隨時隨地做夢的夢想家本色，將難關挨過。

貼心小叮嚀：柔弱被動的雙魚，在相親的時候記得向對立星座處女座學學理性和自主的表達方式，才不致於因為情面而做了自己不情願的事情。

性格・氣質 —— 感覺敏銳查秋毫之末

B型雙魚座人的性格可說是感覺敏銳型！對一切的事都有敏銳的反應，有以感情而非理智來捕抓事情的傾向。B型雙魚座人非常纖細的感性，連他人微妙之心的動態，也絕不會看漏。對他人很用心，在人際關係上容易變成神經質，而對方的一些行動也許也會令其受傷。

B型雙魚座人容易受周圍的影響，依所交往的人及情況，由想法到性情都會大大的被左右。有些莫測高深的地方，但

第三節　B型的水相星座（巨蟹座、天蠍座、雙魚座）

那是由於受周圍的影響，性格可能一再變化所造成的感覺。

B型雙魚座人具有在意失敗的陰沉部分和想得開的爽朗部分。陰沉的部分是雙魚座性格的呈現，爽朗的部分是呈現出B型人特質。經常過於卑微地評價自己，或對一些小事懦弱，行動忽然間充滿積極性，令人吃驚。是外向的，同時也是內向的，所以乍見之下，似乎是快活樂觀的人，其實在內心中，一定隱藏有神經細膩而放不下心的一面。

B型雙魚座人有很強的性格，所以覺得物質欲望低比較好。很多是浪漫主義者及夢想家，也是對藝術感覺敏銳的人，有沉迷於神祕及宗教世界的傾向。相信占卜及迷信，對靈異世界也表示異常的關切，並且自認為有通靈能力。對乏味的現實生活幾乎不注意，不少是追求美和幻想的藝術家氣質的人。

B型雙魚座人的好奇心也很旺盛，對身邊發生的種種事情都表示關心。不能忍受別人都知道卻只有自己不知道這種事，有追根究柢的特性。因為興趣是多方面的，有屢次向各種事項挑戰的勇氣，但或多或少有朝三暮四的傾向。因為是情緒化的人，當天的氣氛對工作會有很大的影響，如果一熱衷，就有很好的成果，但是若提不起興趣，就有毫無作為的情形。

B型雙魚座人對他人相當開放，可能無防備的露出了心事。

第二章　B型人12星座解析

金錢・財運 —— 不善理財，左手進，右手出

B型雙魚座人是很典型的崇尚藝術人生，不重視金錢，對數字沒有任何概念，也沒有賺錢的欲望。只要覺得收入足夠生活就感到滿足了，有得花當然最好，沒得花也無所謂，這就是他們的金錢觀念。

B型雙魚座人花起錢來相當大方，吝嗇兩個字，絕對套不到頭上，而且，是個相當豪爽的人，跟朋友一同吃喝時，付款的一定是他，但不是別人要求他請客，而是他自己總搶著付錢。

B型雙魚座人只要一上街購物，保證不會兩手空空地回來，遇到想買的東西，一定會二話不說地買下來，也不管實不實用，需不需要。想儲蓄、積聚財富，可說是難如登天的事。

此外，如果借錢給別人，十之八九會收不回來，因為不會催討，甚至根本忘掉。在這種情形下，錢當然要不回來，對這方面，還是小心為妙。生財之道，是利用興趣從事副業，例如，古董收藏藝術品買賣。

愛情・心語 —— 多情敏感

對B型雙魚座人來說，戀愛並不是為了走入結婚禮堂，更不會因為覺得生活無聊而想找個伴，他們認為愛情是神聖

第三節　B型的水相星座（巨蟹座、天蠍座、雙魚座）

的，是精神上全然地溝通。在戀愛的道路上，有不只一位的愛侶相伴，通常，一個回眸隨之而來的便是一場甜蜜戀情，不過，這樣的戀曲，多半來得快，結束得也快，因為，B型雙魚座人實在是一個多情且敏感的人。

對於每一次愛情都非常執著，認真，堪稱是個為愛情而獻身的熱情之人。在戀愛的過程中，只付出，不求回報，即使對方再任性，無理，還是一本初衷地包容對方，真心對待，而且希望能時時刻刻與對方在一起，一刻也不願分離。

嚴格來說，B型雙魚座人的感情是濃得化不開的黏膩型，就像前面所說的，如膠似漆。可是，如果不幸失戀，傷心竟是那麼短暫，而且只是輕微的，相當不可思議。舊的戀情消逝，新一段感情立刻來到心中，舊愛與新歡不斷交替在愛情故事中，所以，是個時時走桃花運的情場高手。

一般來說，無論B型雙魚座的男性或女性，都非常有異性緣。尤其是女性，更是眾人注目的焦點，經常被追求。B型雙魚座人對別人的愛情宣言，很少能拒絕得了，是個感情充沛的多情種子，實在不知道該如何去拒絕別人的好意。通常，戀愛模式是等著別人來求愛，可是在眾多的追求者之中，總是不知該如何下決定，而接連不斷的愛情故事便源源而來，不過，要主動對別人表示情感時，卻拙於表達愛意。

B型雙魚座人對性有一番嚮往，也很有興趣一探究竟。

性是幫助體會美妙感情的催化劑,更有人覺得如果缺少性愛,則愛情索然無味。

此外,B型雙魚座人有過分沉迷於性的傾向,有些人甚至演變成性虐待狂或被虐待狂。如果不謹慎把持自己,將迷失在聲色犬馬的生活裡,造成無可彌補的遺憾。

婚姻・家庭 —— 呵護家庭需要雙方的付出

一般而言,B型雙魚座人,一生中會有不只一次的戀愛經驗,或許是很受異性歡迎的緣故,很少B型雙魚座人是經由相親而結婚,不過B型雙魚座人並不排斥這種方式。在談戀愛時,經常會因愛而如痴如狂,因此缺少理智的分析和考慮,便決定結婚。對於婚後所必須面對的總是不去注意,而婚後原本甜蜜的愛情,卻因為逐漸發現對方的缺點而失去意義,現實的壓力終於使他認清現實。

大致來說,B型雙魚座人的婚姻之所以失敗都是由於上述原因。因此,婚前一定要謹慎小心,多觀察對方的優缺點。如果覺得真正適合再決定也不遲,千萬別因意氣用事影響了一生的幸福。

B型雙魚座人若是選對了對象,會過著很愉快的婚姻生活,即使是婚後數年,仍能過著如新婚般的甜蜜生活。在婚後若是與伴侶不合,通常不會忍氣吞聲,可能會斷然決定離婚,相當令人遺憾。但即使離婚之後,也多半不會孤獨一

第三節　B型的水相星座（巨蟹座、天蠍座、雙魚座）

生，再婚的機會非常大。

　　B型雙魚座的男性，在結婚之後會很顧家，妻子兒女在他心目中，永遠是精神上的支柱。年輕時可能是個不太安分的人，可是婚後就大不相同了，有了家庭之後會變得安分而穩重，非常耐心地守護著自己的家。最值得一提的是，B型雙魚座人婚前雖然有多次的戀愛經驗，可是在婚後一定不會到外面偷腥，外遇當然更不可能發生了。

　　B型雙魚座的男性，都不太能認定現實，而且年輕時穩定性不夠，因此，在選擇對象時，最好能選個善於理家的妻子。而B型雙魚座的女性，雖然在婚前鋒頭甚健，或偶有緋聞傳出，可是婚後一定是個貞節的好妻子，而且是個很會照顧孩子的好媽媽。不過太不擅長家務事，應注意別讓家裡太亂了，影響家庭的氣氛。

男女有別・B型雙魚男 —— 非常有異性緣

　　B型雙魚男在事業上不會有很大的成就，他們只是具有敏銳的洞察力和分析能力，如果不是管理者將無所事事。

　　但相反，這些聰明才智卻使B型雙魚男具備了投入愛情的天賦。他們可以很快的投入到愛情的漩渦中，也能很輕易的跳脫。所以愛上一個B型雙魚座的男人是很容易的，恨他也很容易。

對 B 型雙魚座的男人來說，戀愛並不是為了走入結婚禮堂，他更不會因為覺得生活無聊而想找個伴，因為他的觀念是：愛情是神聖的，是精神上全然地溝通。

一般來說，B 型雙魚座的男性都非常有異性緣，此類型的他，經常被異性追求。

男女有別・B 型雙魚女 —— 柔弱，易受傷

B 型雙魚女容易鑽牛角尖，個性強，有些時候又十分柔弱，尤其是在感情方面。敏銳的感情是神經質性格的根源所在，只因他人一句無關緊要的話就會陷入傷心或喪失自己。

B 型雙魚女想得比較多，處理事情往往想得很複雜，應當培養敞開心扉生活的習慣。喜歡沉溺在幻想世界當中，憧憬著自己的未來，但也有非常現實的一面，具有雙重人格傾向。

B 型雙魚女需要不被任何人打擾的享受孤獨的時間和場所，以傾聽自己內心的聲音。有成為賢妻良母的潛質，但如果擁有自己的職業，將成為不依賴於男性、有個性的自由女子。

事業・成功 —— 避免競爭激烈的工作

B 型雙魚座人適合從事的行業，最好是能夠把獨有的幻想力、直覺、敏銳性發揮得淋漓盡致的工作。舉例來說，音樂家、畫家、設計師、詩人、作家、演員、舞蹈、占卜師等

第三節　B型的水相星座（巨蟹座、天蠍座、雙魚座）

等，都是可以一展長才的選擇。音律、節奏感相當不錯，非常適合音樂和舞蹈的創作表演。

能夠勝任上述工作的原因，在於很能善用自己的感覺，而你的感覺又比一般人獨特。如果能依照自己的藝術才華來選擇職業，並不需要限定目標，甚至隨興地發揮，對職業生涯來說，都是極佳的選擇。

總而言之，B型雙魚座人並不適合從事過分實際且競爭的工作，尤其是關於錢這方面的職業必須避免。最好不要去做生意，容易虧本，如果只是負責接待客人的工作，由於你不錯的人緣和氣質，絕對可以愉快勝任。

星座達人指點

【對B型雙魚座人的忠告】

被人拜託時無法拒絕，親切之氣質很可能會被惡人所利用，要注意。

別過於海派，錢財得來不易，還是勤儉一些為好。

感情過於豐富便成了濫情，在愛情中尤其忌諱濫情。

你需要一位好伴侶來彌補自己的不足，選擇一個好的伴侶，對一生影響很大。

善用感覺，發揮天賦的才能，商業上的爭逐，絕對不適合。

第四節
B型的土相星座
（金牛座、處女座、摩羯座）

1、金牛座（Taurus）

4月20日～5月20日

神話由來・象徵意義 —— 外柔內剛的金牛

傳說素以風流著稱的眾神之王宙斯看上歐蘿芭（Europa，後來化為歐洲），為了避開天后希拉的耳目，自己化身為白牛，將歐蘿芭馱在背上，以遂其所願，事後宙斯又回復原形，將他的化身大公牛置於天上，成為眾星座之一。

金牛座象徵著穩重、堅定的信念，不為外力所動的耐力與持久力。他們的行動緩慢、溫和，外柔內剛得近乎於頑固。

金牛座・解密 —— 婚姻特點、男女祕技

即使血型不同，所有金牛座的婚姻特點基本都是一樣的 —— 分帳式。

第四節　B型的土相星座（金牛座、處女座、摩羯座）

金牛座的安全感永遠不會來自於精神層面，他們需要物質在手，讓固定的財富作為心理的支柱，撐起自己的穩定生活和內心的安全感。

所以分帳式婚姻再適合金牛座不過，即使在共同的婚姻中，金牛們照樣可以明確的知道自己的收入和支出。不必為婚變恐慌，更無需讓心情隨著愛人的情緒擺動，情感上的獨立首先是從經濟獨立開始的。

金牛男‧星座瓜葛 —— 假意真情

金牛男 vs 天蠍女 —— 假意

儘管金牛男的生活重心是安定的家庭與富足的收入保障，但他們也畢竟是欲望深重的族群。平淡的夫妻生活對於金牛男來說漸漸變成對妻子的回報與責任，而他們內心卻更渴望感官的強烈刺激來讓自己更有活力。深沉的天蠍座最會吊足金牛的胃口，為平淡的情侶生活製造很多艱辛感，令金牛男感覺到與天蠍女建立親密關係非常不易，儘管不能時常相聚，但每一次都讓人意猶未盡，欲罷不能。

金牛男 vs 巨蟹女 —— 真情

由於金牛是月亮的上升星座，而月亮又是巨蟹座的守護星，所以缺乏安全感的巨蟹女人在老實忠厚的金牛男人這裡，可以得到十足的安全感。當然也會敞開心扉願意為金牛男人完全奉獻自我，甘做一個盡職盡責的賢妻良母。而金牛

第二章　B型人12星座解析

男是很需要物質財富來撐起自己肩膀的，巨蟹女默默的奉獻給了金牛男人一個相當溫暖的港灣，金牛男當然願意與其組成家庭。

金牛女‧星座探祕 —— 增加魅力

金牛座的婚姻特點大體一致，但是性別不同還是有些差異的，誰是金牛女的誘惑星座？誰適合當金牛女的終身伴侶呢？

做事有計畫的金牛女因其女人的天性，穩紮穩打的性格，給人的印象總是勤儉持家的，即使不同血型的金牛女，也擋不住她們對個人魅力的追求。

適合的相親對象：

(1) 金牛座　金牛座男生能彌補金牛女性格上的空白，儘管共同生活中難免會有些磨擦，但和諧的生活會得到精神上的平衡。

(2) 魔羯座　是和金牛座志同道合的男生星座，在工作上會互相幫助，在生活上會互相體貼、照顧。

(3) 處女座　和細心的處女座男性結合，能建立穩定和幸福的家庭。

適合的裝扮：古典端莊的金牛座最適宜淺綠色浪漫小洋裝，能夠改變本身較為呆板的個性，顯得更加甜美可愛，披肩長髮更楚楚動人。

第四節　B型的土相星座（金牛座、處女座、摩羯座）

適合的相親地點：環境奢華的酒店，比較能滿足金牛座奢侈和高雅的審美品味，另一個好處是，如果不滿意相親對象的話，可以趁補妝之機，在酒店周圍轉轉。

貼心小叮嚀：相親的時候要多注意小細節，記得向對立星座天蠍座學學她們神祕大膽的處事風格，偶爾展現一點小小的慵懶性感會很加分。

性格・氣質 —— 悠然自得

B型金牛座人的性格是自我步調型，不會因急躁而弄亂自己的步調。在任何時候、任何場合，也保持一定的步調來行動。比起他人稍有慢半拍的嫌疑，是一個悠然自得型。

B型金牛座人很討厭被他人擾亂了自己的步調。本來就不精巧，一旦步調偏離常規，就連續發生錯誤，所以會頑固的想守住自己的步調。

B型金牛座人不會與他人競爭，但是也具有為了向目標前進，不惜努力而不屈不撓的一面。下定決心的事一定要達成，是意志力很強的人，但是，認真拚命努力，只針對自己有興趣的事，對沒有興趣的事物，表現出相當懶散且馬馬虎虎的態度，兩者的差異相當大。

另外，B型金牛座人很討厭被人強制或勉強，對於命令的語調等，會猛然燃起反抗心，會沒有興趣且倔強的一動也不動。

第二章　B型人12星座解析

　　B型金牛座人是堅強且現實的,不會追求毫無道理的事,或對神祕和不可思議的事表示有興趣。只相信眼前明白看到的現實,做自己會做的事,維持這樣腳踏實地的姿態。因此行動及思考稍微消極,但本人對自己的消極有所自覺,也時常對積極的態度抱著憧憬。

　　全體一致的群體生活無法忍受,早已習慣我行我素,或者應該說,B型金牛座人是天生的特立獨行者。倘佯於自己的天空,雖然堅持生活在自己的天空下,但不會去追求天方夜譚式的夢幻,對超自然無法了解的神祕事物,也不感興趣。

　　唯有親眼所見、親耳所聞的事,才會深信不疑。唯有按部就班達到目標,才是他們所追求的。換句話說,B型金牛座人是個腳踏實地,能認清方向,看透自己的人,不過,在思想行動上的小心翼翼,常給人一種消極的印象。

金錢・財運 —— 避免過度消費影響財運

　　B型金牛座人的理財觀念極佳,很有數字概念。而且,有很強烈的賺錢欲望。在十二個星座之中,金牛座與金錢結緣最深,這就是此星座之所以稱為「金牛」的原因。

　　不過,B型人在先天觀念上認為錢財乃身外之物,不會太在意。因此,B型金牛座人在這方面如果是「B型」的氣質勝過「金牛座」的話,亦即血型與星座的互補作用B型較

第四節　B型的土相星座（金牛座、處女座、摩羯座）

強時，那麼，賺錢本事的動力便因此消減了。但是，比較起來，B型金牛座的金錢運還是相當旺盛的。

B型金牛座人平日頗懂得儲蓄，但是，一旦看到自己想要的東西，還是會不惜巨資買下來。這是情緒化的一面。不過，由於要求生活安定平穩的性格，不惜花費巨資購物的舉動還不至於使B型金牛座人的生活陷入困境。只是成為大富翁的機會也因而大大減少了。

到了晚年，由於經歷跟智慧的增長，情緒化的個性被磨平了。財富的累積也隨之增加，B型金牛座人的置產運不錯，可能會擁有不少不動產。

愛情・心語 —— 謹慎和頑固的綜合體

B型金牛座人是個凡事謹慎細心的人，在戀愛這件事上，也不例外。除非已十分了解對方的內涵及性格，否則，不會輕易墜入情網。因此，一見鍾情這種爆炸式的愛情，不可能發生在B型金牛座人身上。不過，愛情這東西，太過冷靜客觀，又會完全抹煞它的浪漫及美妙的感覺。

即使察覺到異性的愛意，也不會立刻向對方示愛。除非雙方都已默許，而且十分確定這份愛情，否則他們不會輕易地付出真愛，立下山盟海誓。過分慎重及不擅言詞，在表達愛意時，經常會顯得唐突滑稽。不過，很多時候，就是因為這種純純的愛，而打動了對方的心。

B型金牛座人的愛情,既誠實又現實,不喜歡甜言蜜語,但嘴上不說,心裡卻十分認真、誠懇。雖然,B型金牛座的男子會嚮往逢場作戲的戀愛遊戲,但由於個性所致,往往會動了真情。正因如此,在跟異性交往時,會警告自己要三思,不可陷入沒有結局的愛情漩渦中。

一旦雙方有所承諾,愛情便如細水長流,不因時間而變質,要求毫無雜質的愛情。

在表面上,B型金牛座人可能表現出給予對方自由空間的寬大。但實際上,內心卻十分在意對方的一言一行。獨占欲很強,不能忍受一絲雜質。

在性愛方面,B型金牛座人,是屬於晚熟型。但只要雙方情投意合,慾火便不由自主燃燒起來,如一把熊熊烈火,一般來說,B型金牛座人性慾都相當強烈。

如果能去除掉善妒與頑固的缺點,B型金牛座人,會是個百分之百的好情人。

婚姻・家庭 —— 家庭裡外應同等對待

B型金牛座人的婚姻大都是幸福而美滿的。在安定的婚姻生活中,享受家庭的樂趣,分居與離婚的比例可說是微乎其微。

在B型金牛座人的觀念裡,認為人生最大的幸福,莫過

第四節　B型的土相星座（金牛座、處女座、摩羯座）

於擁有一個溫馨的家。對於婚姻抱著十分執著的態度，結婚之前，會相當謹慎的選擇伴侶，婚後，則十分珍惜這份情緣。雖然，年輕時因為過分謹慎小心而視婚姻為畏途，甚至口出狂言，要抱獨身主義。但是，出於天生對家庭的依戀，及期望保護別人的心理，終究會走上婚姻的道路。

B型金牛座人大都早婚，很少人超過適婚年齡仍未婚。選擇伴侶有自己的主張及意見。即使遭到阻撓，也會堅持到底，甚至跟情人私奔，或離家出走，絕不會聽任何長輩的擺布及決定。此類型的人，經由相親而結婚的例子也不少，不過，除非完全了解、滿意對方，否則不會輕易點頭。

B型金牛座人最大的優點是具有強烈的責任感，尤其是對家庭。在外表及內心上呈現兩面性，有時差異頗大，對別人總是溫文有禮、和藹可親、對家人可就大不相同了，在家裡經常會情緒化。心情好時，表現出令人驚訝的溫和，可是一旦發起脾氣，則跟前者判若兩人。

B型金牛座的男性，可能略略帶有暴君的傾向，凡事以一國之君自居，極少採納別人的意見。不過，這是對別人，對妻子絕對是百依百順，愛護備至。而且，非常體貼妻子，時刻為她著想，從她的立場出發，大大小小的事情都任由妻子作主，是個可靠的丈夫。

而此型的女性，對家人的照顧可說是無微不至，特別是

家人的健康問題,格外關心,不過,對於做家務不怎麼擅長,也不怎麼熱衷,但是,至少能燒一些像樣的好菜,不失為一位好妻子。

有一點小小的建議給 B 型金牛座人:跟家人相處千萬要記住待之以禮,應停止放任感情的急躁態度,如此一來家庭就會更圓滿、和諧了。

男女有別・B 型金牛男 —— 拒絕外力加身

B 型金牛男都會給人同樣的感覺,因為本身就帶有那麼一點超越主義的味道和主張。雖然與世無爭,只對自己感興趣的事情全心投入,但是,一旦降臨自己身上的事情跟原則相違背,或外在壓力加身,一股憤怒的反抗將油然而生。這是悠然自得,與人無爭的金牛座頑固的一面。

在思考或行動方面,可能是個性所致,總是比別人慢了半拍,所以,B 型金牛男不適合也不會喜歡從事需要立即反應的工作或活動。一旦有突如其來的變化,就會方寸大亂而不知所措。

男女有別・B 型金牛女 —— 行動不夠積極

儘管 B 型金牛女生性小心翼翼,但卻很欣賞行事俐落、思想果斷的人。久而久之,對於自己的不夠積極且缺乏決斷力,會產生排斥感,甚至批判的心理。對於行動積極的人,

第四節　B型的土相星座（金牛座、處女座、摩羯座）

自然流露出羨慕之情，對明快而具節奏的生活，也產生了憧憬。

在此有一點小小的建議要給B型金牛女，過慢的生活步調常常會令人感到不耐，甚至焦躁。缺乏協調性及對突發事件的應變能力，將有損在工作上跟他人一較高低的發展。

因此，好好訓練自己，加快步伐，不求超越別人，但至少要和他人並駕齊驅。內心的超越比形式上的超越更有價值，這些都將有助於B型金牛女的成長。

事業・成功 —— 持之以恆會得到廣闊的空間

雖然，B型金牛座人是屬於晚成型，但是因為不喜變動的個性，一生的職業變動並不會太大。在一個工作職位上，奉獻畢生的精力，努力認真，由於長時間的表現，終能獲得上級的肯定，與其說是憑著才華贏得成功，不如說是持之以恆的努力得以展露才華。

B型金牛座人由於個性上不喜與人爭，及愛好悠遊自在的生活，因此，不適合需要辯才和協調能力的外交工作。要求一流口才說服別人的業務員，當然也不適合。由於個性上沉穩、內斂，如果往經濟、金融方面發展，將大有可為，從事與不動產相關的職業，也會有相當不錯的成績。

此類型的人，對於美的事物，本來就具有不凡的才華，

第二章　B型人12星座解析

再加上穩重的性格，從事寶石鑑定及經營美術品買賣，通常都能招攬廣大的顧客。如果能定下心來專心朝藝術事業而努力，將會有一番佳績。在美術方面，可朝雕刻、工藝方面發展。至於音樂，學習聲樂可能比玩樂器更容易出人頭地。此外，從事烹飪工作，也有可能成為一流的美食專家。

星座達人指點

【對B型金牛座人的忠告】

慢慢的步調會使他人焦躁，或產生缺乏協調性的憂慮，要努力與他人的步調配合。

悠閒但不是懶散，無爭但不流於怯懦，這是B型金牛座人應謹記在心的。

財運雖佳，但也不應投注於一次定輸贏的投資，而應採取安全確實的增值方法。

善妒與頑固使愛情容不下一粒沙子，相對地也容易失敗。

即使在家庭中也應抱持家人相處的禮儀，停止任性及急躁的性情吧！

切記，努力爭取機會，將是幫助開啟成功之路的鑰匙。

第四節　B 型的土相星座（金牛座、處女座、摩羯座）

2、處女座（Virgo）

8 月 23 日～ 9 月 22 日

神話由來・象徵意義 —— 自我壓抑的處女

根據羅馬神話，處女座又名艾思翠詩（Astraes），為天神丘比特和希蜜絲女神的女兒，是正義女神。黃金時代末期，人類觸犯了她，於是大怒之下回到天庭。處女座象徵著講求實際、腳踏實地和自我壓抑的性格。

處女座・解密 —— 婚姻特點、男女祕技

即使血型不同，所有處女座的婚姻特點基本都是一樣的 —— 週末式。

週末式婚姻是一種新鮮的婚姻形式，即男女雙方登記結婚，在法律上是夫妻，但在週一到週五的工作日，住各自的房子，過各自的單身生活，只有週末住在一起。

處女座的婚姻很容易在日常的瑣碎裡糾纏到窒息，所以給予處女座一個想像和空間的時間，就像對婚姻注入了新鮮的氧氣，說不定處女座會在婚姻裡找到真正的感覺。

處女男・星座瓜葛 —— 假意真情

處女男 vs 雙魚女 —— 假意

糊塗的雙魚座本來就容易為對方付出太多，哪怕只做情

人都完全可以接受,甚至很能犧牲自己幫助男人矇混正牌夫人。這對於處女座來說再合適不過,因為處女座雖然對待知識嚴謹,但是他們需要的是「對方找不出理由來反駁」,藉此認為自己可以矇混過關。雙魚女人的溫柔與服帖可以給足處女男自信心,而暗示性的相處方式又給足處女男餘地,做出一副「完全什麼都沒發生過」的假象,讓處女男釋放激情時毫不忐忑,心安理得。

處女男 vs 獅子女 —— 真情

處女男通常是需要一個有些強勢的大女人在自己身邊的。因為自己對待問題太過嚴謹,很容易被很多事情的細節牽絆,而不能放眼展望大局。因為處女男很重視事業,希望自己能在工作中表現優異從而逐漸穩固自己的一片疆土,於是獅子女便成為處女男背後指點江山的女王。獅子女能從大局著眼,在處女男拘泥於細節不能自拔時,獅子女一發雷霆,處女男眼光就放開了,處女座男人需要這樣的女人當老婆。

處女女・星座探祕 —— 增加魅力

處女座的婚姻特點大體一致,但是性別不同還是有些差異的,誰是處女女的誘惑星座?誰適合當處女女的終身伴侶呢?

自尊心極強的處女女因其女人的天性,追求完美的性

第四節　B型的土相星座（金牛座、處女座、摩羯座）

格，給人的印象總是不留情面的，然而不同血型的處女女，她們對魅力的追求和美的刻劃卻是更上一層樓的。

適合的相親對象：
(1) 雙魚座：雙魚男性情都很溫和，和處女女會相處得很好，過著相敬如賓的和諧生活。
(2) 金牛座：和金牛男在一起，會建立一個美滿舒適的家庭，並會有爭光的孩子。
(3) 魔羯座：魔羯男也是非常適合的選擇，會同心協力為遠大的生活目標而努力，持久不變的感情會永遠幸福。

適合的相親裝扮：追求完美的處女女採用格紋長裙很顯身材，粉色披肩更彰顯女人味。好感度絕對大增！

適合的相親地點：公園漫步，很能使理性的處女女變得感性，也更加體現出處女女溫情浪漫一面。

貼心小叮嚀：相親的時候要改掉過於追求完美的壞習慣，記得向對立星座雙魚座學學她們溫柔夢幻的甜美氣息，會使處處顯得更加美麗。

性格・氣質 —— 樂觀直率有潔癖

B型與處女座的兩者之間可以說是截然不同的特徵，B型處女座人擁有的就是這種矛盾衝突的性格。

B型人的性格具有樂觀及直率的特徵，行動非常積極，

第二章　B型人12星座解析

不過略嫌缺乏預先周密計畫的謹慎態度，略帶神經質。處女座做事非常有條理、有計畫而且謹慎，最厭惡半途而廢，無法貫徹始終的人。最值得一提的是，處女座的人多半都有相當嚴重的潔癖，愛乾淨的程度到了一塵不染的地步。

所謂的矛盾衝突性格，就是指這些對立的性格，時時在心中激盪，做事時經常會對自己的行動懷疑，不斷地瞻前顧後，往往造成心煩意亂，猶豫不決的情況。

初相識人，可能會覺得B型處女座人很樂觀，快人快語，容易相處，而事實上，他們的內心深處卻隱藏了過分謹慎這不為人所了解的一面。

對於工作絕不會偷工減料，一定會很規矩地完成，而且如果沒有親自看著工作完成，便覺得不放心。但日常生活中的事，就大不相同了，經常會丟三落四，要不就迷迷糊糊，而顯得有點懶散。

雖然，B型處女座人常告訴自己要過自由自在的日子，不受任何牽絆。可是，事實上內心裡在意的東西實在太多了，好面子，拋不開形式和傳統束縛，平心而論並沒有得到自己預期的心靈解放。

B型處女座人另一個特徵是求知欲旺盛，是個用功的學生，對問題總是用心研究。在求學態度上也不偏執，對很多事情都有興趣學習，可能會特別偏好分析性的研究。

第四節　B型的土相星座（金牛座、處女座、摩羯座）

有時，對事情的看法會因分析過度而拘泥於微枝末節，十分放不開。

「好辯」可能是缺點之一，由於對事情的分析能力甚強，因此遇事動輒分析、批評，對於不屑的事，往往批評得體無完膚。所以，B型處女座人應注意常懷隱惡揚善的心，對別人別過於苛刻，否則因此失去朋友，就得不償失了。

金錢・財運 ── 穩定的金錢運勢

B型處女座人比較重視精神層面，所以對於錢財並不是十分看重，不過金錢運勢算是相當穩定而可靠的。

對於每個月固定花費及固定儲蓄，都有一定的計畫，很少出現透支的情形，可以說是勤儉致富型的。由於這種良好習慣的保持，財運隨著年齡的增加而顯得更加旺盛，愈近晚年，生活愈富足。

B型處女座人生性謹慎小心，所以大概不會想去從事投機的事業，至於賭博，就更不可能了。因此，財運不會出現危機，目的僅是為了確保生活的安定，由於對金錢的欲望很淡薄，所以，儲蓄不會太多，也很少拿金錢去娛樂一番。到了晚年，會有一些不動產，但是，由於個性所致，很難成為鉅富。

在工作中，B型處女座人不會有很強的競爭欲，並不視

獲得地位或權力為樂趣，也不喜歡超出負荷的工作。他們希望工作只是生活的一部分，因為有更多的風景在工作之外，還想去欣賞。B型所特有的強烈直覺力配合處女座敏銳的感應力，使B型處女座人具有靈敏的應變能力，他們總會找出一些巧妙的辦法解決問題而不是蠻幹。

愛情・心語 ── 山楂樹愛情

　　B型處女座的女性，在少女時經常在夢中編織純純的戀情，但是，一旦自己談起戀愛，卻怎麼也沒辦法跟對方自然地相處，而且態度消極。戀情最後都是以單戀而結束，可能一輩子都沒向對方傾訴愛慕之意，很令人遺憾。

　　B型處女座人所希望的戀愛方式首要條件是能跟對方深入談心，心靈溝通，至於對方的外表，便不是十分重要了。一旦覺得跟對方彼此能夠分享知識及人生觀，就會感到相當滿足。通常兩人約會時，極少親密地挽手漫步，或親切地交談，著重於多了解對方的內涵及學識。因此，會把話題引向這方面，然後大發議論，似乎缺少了那麼一點浪漫的戀愛氣氛。

　　這種情形，或許是B型處女座人偏向理性方面的表現，然而，也有可能是為了掩飾自己的熱情。雖然嚮往戀愛，不過並不因此覺得有了愛情就可以丟棄麵包，還是相當注重現實和利害關係。

　　B型處女座人要求對方給與安定、幸福的保證，而他們

第四節　B型的土相星座（金牛座、處女座、摩羯座）

也十分珍惜和對方的這段姻緣。

雖然，處女座的人對異性充滿了好奇，但是卻過分拘謹害羞，不敢輕易接受異性。尤其是B型處女座的女性，對男人有畏懼的傾向，很難忍受男性肌肉發達的身體及氣味，在觀念中，認為一個人應純淨如天使，乾乾淨淨、清清爽爽，若是無意間跟男性肌膚相觸，通常都會覺得噁心，久久無法適應。

B型處女座人之所以會如此排斥異性，究其原因，或許是對性的一種抗拒。由於潔癖的個性，B型處女座人對於肉體的接觸及性慾覺得難以接受，再加上小心謹慎的天性，更加害怕跟異性發生肉體關係之後，自己受到傷害。之所以無法積極地享受戀愛的快樂，便是受到上述觀念的影響。此類型的人，應改變自己的觀念，不要完全排斥性愛，其實當跟所愛的人結合為一體，也是一種完美的愛。

婚姻・家庭 —— 適當釋放不滿情緒

B型處女座人屬於晚婚型，婚姻生活極少有波動，算得上是相當穩定。之所以晚婚的原因，跟慎重小心的性格及潔癖有關，若不是十分合意，不會貿然決定，那與要求完美的性格不相符。

在決定結婚之前，B型處女座人會十分多慮，顧慮到很多方面，而且顯得悶悶不樂，可是一旦突破了這層心理障

礙，整個人就變得正向而且快樂。

B型處女座人在婚後能使家庭充滿朝氣，會把家裡整理得井然有序，任何事情都要按照處女座的眼光，循規蹈矩地處理好。覺得未來需要細心的規劃，婚姻可說是朝著整齊劃一這個目標而努力。但是，有時B型人任性的因子會作怪，便影響了上述的規則。

結婚之後，B型處女座人會盡力維持婚姻的安定及幸福，即使對對方有些行為不滿，也會壓抑自己，造成這種情形的主要原因在於害怕婚姻的失敗。

不過，雖然B型處女座人害怕離婚，但是如果不滿升高到極點，無法忍受對方片刻，那麼，就不會再謀求其他解決之道，或委曲求全。因為對方破壞了完美主義的夢想，於是會不加思索便決定離婚。在斷然離婚之後，有可能再找到生命的第二個春天。

有時B型處女座人又擦又洗，把家裡弄得非常整齊潔淨，可是有時候又什麼都不管，只顧沉迷於一件自己感興趣的事。有時為家庭精打細算地記帳，可是一會兒又嫌麻煩，把帳本丟在一邊。

因此，從這樣的矛盾個性來看，B型處女座人家庭生活不失為變化萬千、多姿多彩。不過，有一點要提醒的是，碰到不如意的事時，千萬別把孩子當作出氣筒。

第四節　B 型的土相星座（金牛座、處女座、摩羯座）

男女有別・B 型處女男 —— 害羞的男生

感情豐富的 B 型處女男面對愛情的到來，會顯得比較害羞。因為細膩、敏感、有點膽小，他們會容易猶豫。

B 型處女男喜歡一個女生的時候，會找機會在對方周圍轉來轉去，和她唱唱反調，引起對方的注意，卻又遲遲不敢表白。除非那個女生足夠聰明，可以明白這種古怪舉動的含義。或者曖昧的時間足夠長，讓他感覺成功希望已很大，才會勇敢向前。

B 型處女男有時很勤勞地幫助異性做很多事情，有時卻又以工作為藉口，故意躲避異性。即使戀愛了，也缺少浪漫的愛情，往往比較被動。

男女有別・B 型處女女 —— 被動的示愛

B 型處女女表達愛情的方式也是被動型的，但若有喜歡的人示愛，並不會表現得過於矜持，而會明確表明心意。無論是 B 型的處女男還是處女女，都希望擁有簡單和專一的愛情。這樣他們就不會那麼疲倦，也不會茫然。

B 型處女女對待他人，總是厚道和真誠的，不吝熱情的付出。對於來自他人的好惡表現非常直接，她們看待事物的方式比較淡然和通透，並不會拘泥於小節之上。

事業・成功 —— 不要從事過於勞累的工作

B型處女座人比較適合從事實務方面的工作，數字觀念佳，稅務、會計、銀行等工作，會很適合。不過，如果B型氣質勝過處女座的氣質，那情形又有不同了。

B型處女座人的身體狀況並不適合從事過於勞累的工作，需要耗費過多體力，細微繁瑣的工作最好能避免。

B型處女座人最能發揮才能的職業，是有關文字方面的工作。有不少B型處女座的人有相當不錯的文筆，這類的人，便能勝任新聞雜誌、出版業、評論或是寫作。

上述的文化類別中，猶以評論家最適合B型處女座人，因為面對不理想的世界，就忍不住希望它變得完美，希望大家知道缺點何在，希望能一一改進，面對他人的文學作品時，態度亦然。因此，如果能從事學術研究，或是教育機關、醫療、社會福利等工作，也可能有很大的發展。

B型處女座人年紀漸長之後，職位會愈趨穩定，不過，到了一定的程度時，便不再往上升遷，相當可惜。

星座達人指點

對B型處女座人的忠告

喜好批評，所以要注意不要變成喜歡揭發他人的過失，要有隱惡揚善的寬大胸懷。

第四節　B型的土相星座（金牛座、處女座、摩羯座）

　　一貫的理財方式，以及固定的金錢收支，會使你擁有穩定的財富，可從事投資以增加財富。

　　此類型的女性們，別對男性過分拘謹害羞，美好的愛情正等待著妳。

　　婚姻中任何微小的嫌隙，都可能造成無法彌補的傷痕，適時傾吐不滿，才能化解危機。

　　不可勉強從事需要勞力的工作，從事實務方面的工作或富於理性的工作會較適合你。

　　好辯可能使你樹立許多敵人，人生中的許多事情並不需過於一板一眼，凡事不要太計較，以免遭人學究之譏。

3、摩羯座（Capricorn）

12月22日～1月19日

神話由來・象徵意義 —— 刻苦耐勞的摩羯

　　漢密斯的兒子潘恩是半神之一，半神雖不如天神，但卻仍遠比人類卓越。牧神潘恩的醜，是連母親也嫌棄的，他頭上長有山羊的耳朵和犄角，上半身是長毛的人形，下半身卻是山羊的姿態，他最喜歡音樂，經常吹奏自己所製的葦笛。有一次，諸神在尼羅河岸設酒宴時，突然出現了一個怪物，諸天神都大驚失色，變成各種形態逃進河中，潘恩也急忙跳

進水中避難，但由於過度驚慌失措，而無法完全變成一條魚……這就是「摩羯星座」的由來。

摩羯座也叫山羊座，但事實上又不是純正的羊，而是羊頭魚身的一種動物，複雜性可見一斑。摩羯座象徵著有山羊的毅力、刻苦耐勞地朝向更高層次，而內在的非理性情緒，也許是哲學性或潛在的感情部分。

摩羯座・解密 —— 婚姻特點、男女祕技

即使血型不同，所有摩羯座的婚姻特點基本都是一樣的 —— 合約式。

摩羯座的內心並沒有隱藏過多的激情，對於婚姻中的情感和浪漫部分，多數的摩羯座是麻木並且沒有學習能力的。

所以他們需要的是一份合約，可以約束自己行為，鞭策自己無論如何都不能放棄婚姻的合約。當然，摩羯座並不是道德完人，不是只為別人負責而不考慮自己的高尚人種。相反，合約式婚姻可以讓摩羯座在婚姻中體驗到難得的歸屬感，他們就需要一個框架，來讓自己安居樂業。

魔羯男・星座瓜葛 —— 假意真情

魔羯男 vs 巨蟹女 —— 假意

大部分時間都在嚴以律己的魔羯座其實內心還是蠻好色的，只是礙於面子沒辦法將自己的本「色」暴露出來。但是

第四節　B型的土相星座（金牛座、處女座、摩羯座）

男人靈魂深處總還是需要女人的溫柔來刺激的。處於對宮的巨蟹座時常表現出來的羞怯與青澀的美很是讓魔羯座禁不住衝動。

魔羯男總是會以一些冠冕堂皇的理由接近巨蟹女，感性的巨蟹女很容易就被說服並上鉤，並且老實的巨蟹女對於魔羯男的事業一點影響也沒有，魔羯男便會追求巨蟹女作為自己的情人。

摩羯男 vs 處女女 —— 真情

處女與魔羯的組合可謂一對名副其實的「黃金拍檔」。魔羯座通常很難將工作與生活分開，即便休閒時也會關心時政民生、或參加一些高檔體面的社交活動，不會純粹而無目的地休閒放鬆。而處女座便是為數不多的人選，對待生活也很嚴謹與認真。在生活中他們會經常交流工作，一起進步。社交活動時，處女女也很懂得怎樣可以讓先生更加體面，從穿戴到飲食，都照顧周全，嚴格的魔羯男當然願意將戒指戴在處女女的無名指上。

摩羯女・星座探祕 —— 增加魅力

摩羯座的婚姻特點大體一致，但是性別不同還是有些差異的，誰是摩羯女的誘惑星座？誰適合當摩羯女的終身伴侶呢？

堅忍不拔的摩羯女因其女人的天性，內斂的性格，給人

的印象總是低調的。不同血型的摩羯女,都不以容貌來炫耀,她們的內涵往往更豐富。

適合的相親對象:

(1) 巨蟹座 巨蟹男的溫情會使摩羯女的性格開朗起來。
(2) 處女座 和處女男將是理想和幸福的結合。
(3) 金牛座 金牛男和摩羯女共同語言甚多,能建立一個安定和睦的家庭。

適合的相親裝扮:不夠亮麗的魔羯女也不必著急,以端莊的套裝表現穩重大方的一面,顏色則選擇俏麗的淺色系,穩重而不失天真。

適合的相親地點:中式餐廳是個不錯的選擇。魔羯女向來善於廚藝,吃飯順帶聊聊美食,就算碰到不滿意的對象,也不致太過冷場。

貼心小叮嚀:腳踏實地而且獨立堅強的魔羯女,在相親的時候記得向對立星座巨蟹座學學柔和和母性的表達方式,會更令人如沐春風。

性格・氣質 —— 耐力和毅力的強者

B型摩羯座人屬於刻苦耐勞型的,珍惜每一分鐘的時光,時時刻刻鞭策自己向上。一旦執著於某個目標,就彷彿忘了別人的存在,旁人很難接近。無論做任何事情,都必定

第四節　B型的土相星座（金牛座、處女座、摩羯座）

探個究竟，不會只了解表面便罷了。打破沙鍋問到底是B型摩羯座人做學問、做事的根本態度。

B型摩羯座人集中力、耐心及毅力之強，都不是一般人所能理解的。可能比較缺乏休閒活動，因為覺得玩樂、休閒是件既浪費時間且耗費金錢的無聊事。

B型摩羯座人所追求的只是工作與目標的完成，因此，由於欣賞友情世界的時間太少，會變得既冷漠又無情，應小心別因為追求理想，而忽略了許多有價值的事情，畢竟，人生中值得追求的東西太多了。

B型摩羯座人，如果要形容其性格與氣質，必須把血型與星座分開來談，因為這兩者是不同的因素，可是卻又互相影響。B型人的特徵是果斷、積極、一旦決意去做，就會勇往直前。B型人廣結善緣，人際關係非常良好，有助於自己的事業、婚姻、財運等各方面的成功。摩羯座有時過度慎重，反而綁手綁腳，最後一無所獲。

B型摩羯座人便是綜合上述的組合體，雖然有社交技巧，但不是毫無選擇地結交朋友。除非確定對方是值得交往的對象，否則，絕不會輕易接納一個人。

B型摩羯座人在做事的態度上也是如此，受到B型與摩羯座兩種因素的相互影響。但是，若是兩者能取得平衡，則成功的機率將相對大增。

第二章　B型人12星座解析

由於B型人的特徵，使B型摩羯座人都有強烈的出人頭地的願望，因而成功的機會也頗大，在此提醒你，過分的謹慎容易造成疑心病，對他人勿過分嚴厲，應盡量力求跟他人和諧相處。

金錢・財運 ── 穩定保守的理財方式最適宜

B型摩羯座人的財運和愛情及事業一樣，是屬於大器晚成型。這個類型的人年紀愈長，財運愈旺，年輕時的努力工作，再加上有儲蓄的習慣，理財觀念佳，以上綜合的結果，在晚年可累積不少的財富。

B型摩羯座人的投資方法，最好是購買房地產，或是從事藝術品及珠寶金飾的收集買賣，這是屬於較穩當的投資管道。知識會帶來財富，如果年輕時努力吸收新知，多閱讀書藉，對財運會有所助益。

對B型摩羯座人來說，投機事業是絕對不可從事的工作，無論是賭博或股票，都會蒙受相當大的金錢損失。他們對金錢的態度非常執著，甚至覺得金錢是人生存下去的最佳保障。

有時，這種金錢至上的觀念，會自然而然地表現在B型摩羯座人的言談中，這會留給別人相當不好的印象，應該小心，逐漸改正這個觀念。

畢竟，金錢固然重要，但友誼更是無價的，別太吝惜交際費了。

第四節　B型的土相星座（金牛座、處女座、摩羯座）

愛情 ‧ 心語 —— 害怕受傷的愛情態度

　　由於B型摩羯座人對愛情抱著謹慎的態度，再加上對異性不是很有信心，所以，一般來說戀愛會來得比較遲。此類型的人，害怕一旦付出感情，卻不能永久存在，一時的熱情，在B型摩羯座人看來並不是永恆的真情，因為怕受傷害，於是遠離了愛情。

　　不過，並不能因此說B型摩羯座人不需要愛情，或根本拒絕愛情。B型摩羯座人追求的是能夠真正陪伴一生的結婚伴侶，而不是沉溺在愛情遊戲中。唯有透過婚姻的保障，愛才是值得珍惜的。

　　正因如此，B型摩羯座人的戀愛觀謹慎地近乎嚴肅，一輩子的伴侶豈能草率為之。因此，戀愛運並不旺盛，在尚未全盤了解對方的性格和氣質之前，不會輕易做選擇，更不會敞開心扉或奉獻身心。

　　B型摩羯座人雖然不善於對異性表達熱情，但是，卻是一個最忠實的情人。雖然心中充滿了愛意，但是在所愛的人面前，卻表現得很笨拙，甚至惹人討厭，這些都不是自己所希望的。但是，礙於放不開的拘謹，這些行為卻一一顯現。

　　B型摩羯座人可能常會因此而懊惱，此時不妨請個朋友幫忙，充當戀愛顧問，效果必定十分良好。

　　此類型的人，即使遇見了朝思暮想的人，也不會因此開

始享受甜美的愛情。B型摩羯座人只是一心想儘早結婚，否則便不會安心。

談戀愛時，談的問題多半是未來，諸如，生幾個孩子、生活計畫、什麼時候買房子等等，有時令人感到相當掃興，但平心而論B型摩羯座人是非常真誠的。

由於B型摩羯座人一旦決意談戀愛，便要求自己真誠地付出，所以，一旦失戀了，便無法接受這個打擊。雖然表面上裝出毫不在乎的樣子，但是心中卻是悲傷難抑，彷彿世界末日來臨。在此提醒，千萬別因一次失戀就否定這世界上的真情，甚至從此排斥愛情。

對於性愛的態度，B型摩羯座的人通常抱有保守而慎重的觀念，尤其是女性更是如此，不過，一旦結婚還是會表現出熱情的一面，並非全然的淡漠。

婚姻‧家庭 —— 經濟基礎是幸福家庭的保障

B型摩羯座人由於擇偶的慎重，所以是屬於晚婚型的，有不少B型摩羯座人是經由相親而結婚，因為唯有如此，才能獲得婚姻的保障，也就是說，不但事前對對方有所了解，且有家人的意見可作為參考。

此類型的人，對待異性的態度，有兩個極端。如果喜歡某人，便一心一意地對待，忠誠度相當高；對於不中意的

第四節　B型的土相星座（金牛座、處女座、摩羯座）

人，則絕不牽就自己跟對方交往。摩羯座的女性，在考慮結婚前會細心注意對方的經濟狀況，以及事業是否能夠有所發展。換句話說，現實的想法驅使著B型摩羯座的女性的結婚意願。所以，即使對方的人品再好，若是不能功成名就，B型摩羯女就絕不會考慮結婚。至於B型摩羯座的男性，則著重在女性的持家能力，外表是否美麗倒是其次。

　　B型摩羯座人雖屬晚婚，但一旦結婚組成了自己的家庭，將會非常安定。原因是在慎重考慮之後才做的決定，十分相信自己的眼光，認為對方應是最佳人選，因此也就格外值得珍惜。B型摩羯座人非常注重家庭的歡樂，對妻子、丈夫非常忠厚，可說是不錯的結婚對象。

　　B型摩羯座人最大心願便是要擁有一個完全屬於自己的家，努力使家人過得好。因此，生活非常樸實，工作也相當認真，所賺來的錢會非常有效地利用，絕對不奢侈浪費。即使結婚之初並不富有，但由於上述原因，逐漸地生活水準必定能達到中等以上的程度。

　　如果是B型摩羯座的男性，那麼，對家庭有絕對的責任感。在妻子的眼中，是個沉默寡言，但埋頭苦幹的好丈夫。雖然在平時的言談中，很少把家庭的問題提出來商量，但絕對會對家庭負責。

　　如果是B型摩羯座的女性，那麼，必定非常善於處理家

務，家庭收入也能十分有效的運用。但是，過分重視實際，會覺得缺少那麼一點女人味。對丈夫也少親密的言語，話題多半繞著生活中的瑣碎事打轉，有時會讓丈夫感覺乏味，這是必須注意的一點。

還有一點要提醒 B 型摩羯座人，有了孩子之後，別因此忽略了丈夫或妻子。

男女有別・B 型摩羯男 —— 刻苦勤勉

B 型摩羯男的性格特徵，也許可說是刻苦勤勉型的。不怠惰地鞭策自己，珍惜每一時每一刻的努力，將「天才是百分之九十九的努力加百分之一的汗水」這種話銘記在心。其努力奮鬥的情況，可說到了夜以繼日的地步。

具有集中力和韌性，B 型魔羯男把遊玩認為是浪費時間和金錢。把人生全部的時間用來達到奮鬥的目的當然是不錯的，但也因此會出現缺乏人情的溫暖及矯情的一面。

B 型摩羯男在行動方面的大特徵是小心又小心。在人際關係上，魔羯座缺乏社交性，很少會自己擴大交際範圍，但 B 型人是社交性的，擅於交朋友。兼有完全相反的性質的 B 型魔羯座人，在人際交往問題上總是時冷時熱，幕前幕後的變化，說不定他們在內心也能感覺到自己的雙重性格。

男女有別・B型摩羯女 —— 正義的化身

B型摩羯女的個性還是偏於保守、固執的,心地誠實善良,有著劫富濟貧的俠義心腸,非常有正義感。

B型摩羯女不善於控制自己的情感,喜怒哀樂完全表達在臉上,為人非常真實。表達能力欠缺,有些以自我為中心。屬於外柔內剛的性格,有一定自制能力,能夠分辨人的善與惡,有時會用男性的方式表達情感。

B型摩羯女有很強的責任感,如果過於嚴格地對待自己的生活,將會使自己不堪其累,所以應當合理地調劑生活。和朋友相處時,注意行為舉止不要太強人所難,自己喜歡的事情不一定別人也感興趣。最看不慣弱小的人受欺負,家庭生活中平時對老公百依百順,但如果老公敢欺騙B型摩羯女或者動粗,一定會奮起還擊。

事業・成功 —— 有志者事竟成

B型摩羯座人可因勤奮努力彌補先天條件上的不足,所以適合從事各種工作,因為古有明訓,有志者事竟成,且勤能補拙,而B型摩羯座人的特徵便是勤奮努力。

B型摩羯座人的事業運十分旺盛,在通往成功的道路上,用心、勤奮這兩個優點可以披荊斬棘,這是致勝的最佳利器。

第二章　B型人 12 星座解析

但是,努力必須經過很長時間的累積才能有所成果,所以 B 型摩羯座人應注意,不要經常更換目標,否則所有努力都將白費。

因此,選定方向之後,奮力前進,時間會帶來最公正的評價。

雖然 B 型摩羯座人適合多種事業,但要注意的是,最好不要找變動性大,且需迅速完成的工作,否則會很快就心灰意冷。

B 型摩羯座人比較容易成功的職業,多半是屬於扎實的研究活動,以及能夠磨鍊技術的職業,從事實務性的工作也不錯。

星座達人指點

對 B 型摩羯座人的忠告

嚴格要求他人也必須要努力,或不可玩樂,這種態度成為與他人無法和諧相處的原因。

切莫過於謹慎,有時不妨大膽嘗試新的事物,力求突破。

金錢不是萬能之物,因為它而失去朋友,是最不值得的事。

失戀使人成長,並不是絕對的不好,記住,天涯何處無芳草,人間到處有真情!

第四節　B型的土相星座（金牛座、處女座、摩羯座）

　　雖然有了孩子，也應分一點心思在丈夫的身上，以免兩人日漸生疏。

　　心猿意馬最要不得，成功永遠是屬於努力的人。

　　切記，年過三十之後，就別再更改方向，否則將會一無所成。

　　此外，不要同時追求兩個目標，意志不堅的結果，將使兩頭落空。

國家圖書館出版品預行編目資料

B 型人 × 星座密碼，12 種特質全解析：血型影響天性，星座決定風格……從戀愛模式到人生機遇，超詳解揭曉你的內在特質！/ 張祥斌 著 . -- 第一版 . -- 臺北市：財經錢線文化事業有限公司，2025.03
面； 公分
POD 版
ISBN 978-626-408-188-7(平裝)
1.CST: 占星術 2.CST: 血型
292.22　　　　　　　114002545

電子書購買

爽讀 APP

B 型人 × 星座密碼，12 種特質全解析：血型影響天性，星座決定風格……從戀愛模式到人生機遇，超詳解揭曉你的內在特質！

臉書

作　　　者：張祥斌
發　行　人：黃振庭
出　　　版：財經錢線文化事業有限公司
發　行　者：崧燁文化事業有限公司
E - m a i l：sonbookservice@gmail.com
粉　絲　頁：https://www.facebook.com/sonbookss/
網　　　址：https://sonbook.net/
地　　　址：台北市中正區重慶南路一段 61 號 8 樓
8F., No.61, Sec. 1, Chongqing S. Rd., Zhongzheng Dist., Taipei City 100, Taiwan
電　　　話：(02) 2370-3310　傳真：(02) 2388-1990
印　　　刷：京峯數位服務有限公司
律師顧問：廣華律師事務所 張珮琦律師

-版權聲明-
本書版權為作者所有授權財經錢線文化事業有限公司獨家發行電子書及繁體書繁體字版。若有其他相關權利及授權需求請與本公司聯繫。
未經書面許可，不得複製、發行。

定　　　價：299 元
發行日期：2025 年 03 月第一版
◎本書以 POD 印製

Design Assets from Freepik.com